métro 1

Par l'équipe

Rosi McNab

Heinemann

Heinemann Educational Publishers,
Halley Court, Jordan Hill, Oxford OX2 8EJ
Part of Harcourt Education

Heinemann is the registered trademark of Harcourt Education Limited.

First published 1999

10 09 08 07 06
20 19 18 17 16 15 14 13 12

A catalogue record is available for this book from the British Library on request.

10-digit ISBN: 0 435370 60 X
13-digit ISBN: 978 0 435370 60 2

Produced by Ken Vail Graphic Design
Illustrations by Dave Bowyer, Clive Goodyer, Graham-Cameron Illustration
(Felicity House), Joseph McEwan, Sylvie Poggio Artists Agency (Samantha
Rugen) and Chris Smedley

Cover photograph by Image Bank

Printed and bound in China

Acknowledgements

The author would like to thank Rachel Aucott, Nathalie Barrabé,
François Casays, Joan Henry, Naomi Laredo, Kathryn Tate, Claire Trocmé,
Angela Wigmore and the students of the Atelier Théâtre, Rouen for their help in
the making of this course.

Music by Ian Hill and Aleks Kolkowski. Lyrics by Julie Green.

Photographs were provided by **Sally & Richard Greenhill** p.13, p.26 (Olivier and
Etienne), **J. Allan Cash** p.20, **Angela Horns** p.28 (mice), **Dolores Noonan** p.28
(budgie), **Tony Stone** p.28 (spider and fish), p.68, p.84 (Alps), p.91 (horse-riding)
and p111, **Empics** p.33, **John Walmsley** p.41, **Corbis/Michael Busselle** p.85,
Corbis/Galen Rowell p.91 (hiking), **Corbis/Vince Streano** p.91 (windsurfing),
Corbis/Dennis Marsico p.91 (volleyball), **Corbis/Paul Almasy** p.95, **Corbis** p.97.
All other photos are by **Danièle Jouhandin** and Heinemann Educational
Publishers.

métro 1

Rosi McNab

Table des matières

1 *Comment tu t'appelles?*

Saying your name and greeting someone
Saying hello and goodbye

ÉCOUTER

1 **Écoute! Qui parle?** *Listen! Who is speaking?*

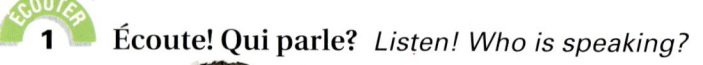

Thomas et Coralie

Richard et Élisabeth

Bernard et Louise

Nicolas et Corinne

Robert et Delphine

Édouard et Constance

PARLER

2a **Parle! Choisis un nom français. Travaille avec un(e) partenaire.**
Speak! Choose a French name. Work with a partner.

- 🔴 Comment tu t'appelles?
- ⚫ Je m'appelle (Robert). Et toi?
- 🔴 Je m'appelle (Constance). Bonjour (Robert)!
- ⚫ Bonjour (Constance)!

PARLER

2b **Choisis un autre nom et essaie de nouveau. Échangez les rôles.**
Choose another name and try it again. Swap roles.

ÉCRIRE

2c **Écris! Copie le dialogue.**
Write! Copy the conversation.

3a Écoute les dialogues.
Listen to the conversations.

3b Écoute et répète. Attention à la prononciation.
Listen and repeat. Pay attention to the pronunciation.

> Bonjour, Thomas. Ça va?
>
> Ça va très bien, merci.
>
> Oui, ça va, et toi, Coralie?
>
> Au revoir, Thomas.
>
> Au revoir, Coralie.

Thomas et Coralie

3c À deux. Lisez les dialogues à haute voix.
In pairs. Read the conversations aloud.

> Salut, Constance! Ça va?
>
> Bof! Et toi, Édouard, ça va?
>
> Oui, ça va.
>
> Au revoir, Constance.
>
> Au revoir, Édouard.

Constance et Édouard

4 Choisis un nom français. Fais un dialogue avec un(e) partenaire.
Ferme le livre!
Choose a French name. Make up a conversation with a partner.
Close the book!

5 Lis! Mets les phrases dans le bon ordre.
Read! Put the sentences in the right order.

1   Au revoir, Coralie.
    Bonjour, Thomas. Ça va?
    Oui, ça va, et toi, Coralie?
    Ça va très bien, merci. Au revoir, Thomas.

2   Bof! Et toi, Édouard, ça va?
    Salut, Émilie! Ça va?
    Au revoir, Édouard.
    Oui, ça va. Au revoir, Émilie.

6 Écoute et chante les nombres de un à dix.
Listen and sing the numbers from one to ten.

2 Mes affaires

Asking what something is
Saying what you have or haven't got

● ●

 **1a** Écoute et répète. Qu'est-ce que c'est?
Attention à la prononciation.
Listen and repeat. What is it?
Pay attention to the pronunciation.

un cahier	une règle
un crayon	un stylo
un feutre	un stylo à bille
une gomme	un taille-crayon
un livre	une trousse

 **1b** Écoute et indique. C'est quel numéro?
Listen and point. Which number is it?

1
2
3
4
5
6
7
8
9
10

 **1c** À deux.
In pairs.

● Qu'est-ce que c'est, le numéro (trois)?
● C'est un/une … . Qu'est-ce que c'est, le numéro (six)?
● C'est un/une …

 2 À deux. Jouez au morpion. Mets une image dans chaque case. Indique la case voulue et dis le mot correct.
In pairs. Play noughts and crosses. Put a picture in each square. Point to the square you want and say the right word.

Exemple: *Le numéro cinq, c'est …*

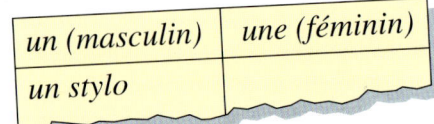

1 2 3
4 5 6
7 8 9

 3a Écoute et note: 'un' ou 'une'? (1–10)
Listen and note: un or une?

 **3b** Fais deux listes.
Make two lists.

un (masculin)	une (féminin)
un stylo	

Le détective

un *and* **une** *both mean 'a'. In French, all nouns (words for things and people) are either masculine or feminine.*
The word for 'a' is **un** *in front of masculine words and* **une** *in front of feminine words.*

Pour en savoir plus ➡ page 122

ÉCRIRE

4 Qu'est-ce qu'il y a dans la trousse?
What is there in the pencil case?

Exemple: *Dans la trousse il y a …*

lysto   yarcon   mogem

glère   trefue

laitle-noryac   tolysàlible

 **PARLER**

5 À deux: Jeu de cartes.
In pairs: Card game.

- ● As-tu (un stylo)?
- ● Oui, voilà.
- ● Merci.
- ● As-tu (une règle)?
- ● Non, je n'ai pas de (règle). As-tu (un crayon)?

As-tu un/une …?	*Have you got a …?*
Oui, j'ai un/une …	*Yes, I have a …*
Non, je n'ai pas de …	*No, I haven't got a …*

 LIRE

6 Ce sont les affaires de Delphine ou de Thomas? Écris D ou T.
Are they Delphine's things or Thomas's? Write D or T.

Exemple: **1**D

1    2 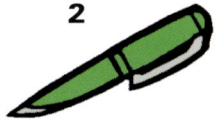   3 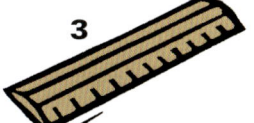   4    5

6    7    8    9 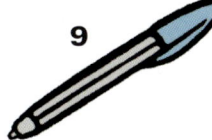   10

J'ai une trousse, un stylo, une gomme, trois crayons et un livre.
Thomas

J'ai un stylo à bille, une règle, un taille-crayon, un cahier et quatre feutres.
Delphine

 ÉCRIRE

7 Fais une liste illustrée de tes affaires.
Apprends ta liste par cœur!
*Make an illustrated list of your things.
Learn your list by heart!*

💡 *Try linking the words to the pictures to help you memorise them.*

Exemple: *J'ai (un stylo*  *), …*

3 Comment ça s'écrit?

The French alphabet and how to spell your name

• •

A B C D E F G H I J K L M N O P Q R S T U V W X Y Z

1a L'alphabet. Écoute et répète.
Attention à la prononciation.

1b Écoute et trouve. (1–10)
Qu'est-ce que c'est? C'est quelle lettre?
What is it? Which letter is it?

1c À deux.

- ● 'a', qu'est-ce que c'est?
- ● C'est un arbre. 'b', qu'est-ce que c'est?
- ● C'est un ballon. 'c', qu'est-ce que c'est?

2a Thomas et Delphine jouent au pendu.
Écoute et trouve les mots.
*Thomas and Delphine are playing hangman.
Listen and find the words.*

A _ _ _ _   _ _ _ _ _   _ _ _ _   _ _ _ _ _

2b À deux. Jouez au pendu.
Play hangman.

- ● a?
- ● Oui, il y a un 'a'.
- ● b?
- ● Non, il n'y a pas de 'b'.

A _ _ _ _ _

un arbre · un ballon · un café

un docteur · un escalier · une fleur

une glace · un hibou · un imperméable

un jardin · un kangourou · une lampe

une maison · un nuage · une orange

une plante · une queue · une rue

un sandwich · une tomate · un uniforme

une voiture · un wagon · un xylophone

un yaourt · un zigzag

ÉCRIRE

3a **Quelles lettres manquent?** *Which letters are missing?*

1 *tro_s_e* **2** *st_l_* **3** *cr_y_n* **4** *go_m_* **5** *rè_l_*

6 *l_v_e* **7** *bal_ _n* **8** *_amp_* **9** *arb_ _* **10** *_oi_ure*

PARLER

3b **Vérifie tes réponses avec un(e) partenaire.**
Check your answers with a partner.

● Le numéro un, c'est trousse, T R O U S S E.
● Oui, c'est ça. Le numéro deux, c'est stylo, S T I L O.
● Non, faux, c'est S T Y L O.

ÉCOUTER

4a **Comment s'appellent-ils? Écoute et écris. (1–8)**
What are they called? Listen and write.

Exemple: **1** *Benjamin.*

PARLER

4b **À deux. À tour de rôle, posez des questions.**
Take turns to ask questions.

● Comment s'appelle le numéro un?
● Benjamin.
● Comment ça s'écrit?
● B E N J A M I N. Comment s'appelle le numéro deux?

PARLER

5 **Interviewe ton/ta partenaire.**
Interview your partner.

● Comment tu t'appelles?
● Je m'appelle …
● Comment ça s'écrit?
● …

ÉCRIRE

6 **Fais un alphabet de mots français.**
Make an alphabet of French words.

Exemple: *'a' comme 'appelle'; 'b' comme …*

> *You will find you know a lot of words already. Find words in the vocabulary on p136 to fill any gaps.*

Mini-test   **I can …**

● greet someone and ask their name
● say hello and goodbye
● name six objects that I have got and one that I haven't
● count to 10
● say the alphabet
● spell my name
● ask someone to spell a word

4 Quel âge as-tu?

Saying how old you are and asking someone their age

●●●●●●●●●●●●●●●●●●●●●●●●●●●●●●

trois *un*
six deux *cinq*
sept *dix* **neuf**
huit **quatre**

1a À deux. Mettez les nombres dans le bon ordre.
Put the numbers in the right order.

1b Compte de un à dix. Attention à la prononciation.
Count from one to ten. Pay attention to the pronunciation.

2a Combien y en a-t-il? Fais la liste.
How many are there? List them.

Exemple: Il y a un crayon et deux …

11 onze	14 quatorze
12 douze	15 quinze
13 treize	

1 crayon

2 ballons

3 caravanes

4 bananes

5 sandwichs

6 biscuits

7 girafes

8 moustaches

9 trombones

10 téléphones

11 baguettes

12 bicyclettes

13 tasses

14 classes

15 glaces

2b Écoute et chante!

3a À deux. Jouez au morpion.
Mets une image dans chaque case.
Indique la case voulue et dis le bon nombre.

3b À deux. Jouez au loto. Faites une grille de douze nombres.
Play bingo. Make a grid with 12 numbers.

Fais un glossaire!
Start your own phrase book. Write down words and phrases you need and find out how to say them in French.

12	5	8	10
6	14	2	9
11	3	1	14

 ÉCOUTER

4a Quel âge ont-ils? (1–10) *How old are they?*

Aline	Louise	Anne	Patrick	Martin
Nicolas	Julien	Mathilde	Stéphanie	Mélanie

 PARLER

4b À deux. Devinette: choisissez une personne.
Guessing game: choose a person.

Choisissez une autre personne et continuez.
Choose another person and continue.

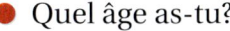

● Quel âge as-tu?
● J'ai (dix) ans.
● Tu es (Mélanie)?
● Oui. Quel âge as-tu?
● J'ai …

J'ai douze ans.

Quel âge as-tu?

 PARLER

5a Fais un sondage. Interviewe cinq copains.
Do a survey. Interview five friends.

● Comment tu t'appelles?
● Sebastian.
● Quel âge as-tu?
● J'ai (douze) ans.

 ÉCRIRE

5b Copie et remplis la grille.
Copy and fill in the grid.

Nom	Âge
Sebastian	12 ans

 ÉCRIRE

6a Quel âge as-tu? Copie et complète la phrase.
How old are you? Copy and complete the sentence.

Exemple: J'ai …

1 *12*

2 *10*

 ÉCRIRE

6b Que disent-ils?
What would they say?

Exemple: **1** *J'ai douze ans.*

3 *13*

4 *15*

5 *14*

6 *11*

5 Quelle est la date de ton anniversaire?

Saying when your birthday is

• • • • • • • • • • • • • • • • • • • •

 **1a** Écoute et répète.

 1b C'est quel nombre?
Écoute et note.
Which number is it?
Listen and note it down.

0 zéro	10 dix	20 vingt	30 trente
1 un	11 onze	21 vingt et un	31 trente et un
2 deux	12 douze	22 vingt-deux	
3 trois	13 treize	23 vingt-trois	
4 quatre	14 quatorze	24 vingt-quatre	
5 cinq	15 quinze	25 vingt-cinq	
6 six	16 seize	26 vingt-six	
7 sept	17 dix-sept	27 vingt-sept	
8 huit	18 dix-huit	28 vingt-huit	
9 neuf	19 dix-neuf	29 vingt-neuf	

 2a C'est le nombre A ou B?
Écoute et note.
Is it number A or B?
Listen and note it down.

1	A 3	B 5	6	A 15	B 25
2	A 6	B 10	7	A 18	B 28
3	A 22	B 12	8	A 29	B 19
4	A 11	B 16	9	A 4	B 14
5	A 31	B 21	10	A 17	B 7

 2b À deux. Lis un nombre, A ou B.
Ton/Ta partenaire identifie le nombre.
Read out a number, A or B.
Your partner identifies the number.

- 🔴 Cinq.
- ⚫ C'est B.
- 🔴 Oui, c'est ça.

 **3a** Mets les mois dans le bon ordre.
Put the months in the right order.

 **3b** Écoute et répète les mois de l'année.
Attention à la prononciation.
Listen and repeat the months of the year.
Pay attention to the pronunciation.

Le calendrier

janvier	octobre	mars
août	juin	décembre
juillet	mai	septembre
février	novembre	avril

 **3c** C'est quelle date? Écoute et trouve. (1–6)

Exemple: **1**B

A le 21 juin **B** le 15 octobre **C** le 17 février
D le 19 avril **E** le 22 juillet **F** le 10 août

4a Écoute et note.
Quelle est la date de leur anniversaire? (1–8)
What are the dates of their birthdays?

Bon anniversaire!

 4b Fais la liste.

Exemple: *L'anniversaire de Janine est le …*

Janine	Marie-Claude	Patrice	Ludovic	Karim	Magali	Natacha	Yann
3/5	17/9	25/6	14/2	1/10	28/9	12/11	16/8

 4c À deux. Lisez la liste à tour de rôle. Attention à la prononciation.

 5a Quelle est la date de ton anniversaire? Copie et complète la phrase.
What is the date of your birthday? Copy and complete the sentence.

Exemple: *Mon anniversaire, c'est le …*

 5b Interviewe trois personnes et note les réponses.
Interview three people and note down the answers.

● Quelle est la date de ton anniversaire?
● Mon anniversaire, c'est le 14 juillet.

Exemple: *Sally 14 juillet*

5c Trouve quelqu'un qui a son anniversaire en janvier, février, etc. Fais une liste.
Find someone whose birthday is in January, February, etc.

janvier	Zoë
février	Daniel

 6a Écoute et répète les jours de la semaine.
Listen and repeat the days of the week.

 **6b** À deux.

● Le numéro un, c'est quel jour?
● C'est dimanche.

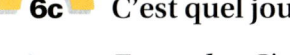

● lundi
● mardi
● mercredi
● jeudi
● vendredi
● samedi
● dimanche

6c C'est quel jour aujourd'hui?

Exemple: *C'est …*

6 C'est de quelle couleur?

Saying and asking what colour something is

vert

bleu

gris

blanc

rose

rouge

noir

jaune

marron

orange

1a C'est de quelle couleur? Écoute et lis.
What colour is it?

1b Écoute encore une fois et répète.
Attention à la prononciation.
Listen again and repeat.

1

un livre vert

2

un cahier bleu

3

un sac gris

4

un stylo noir

5

un crayon rouge

6

un ballon orange

7

un nuage blanc

8

un feutre rose

9

un imperméable noir

10

un wagon marron

1c À deux.
● Le numéro un, c'est de quelle couleur?
● C'est vert. Le numéro deux, …

1d Fais la liste.   *Exemple:* *Un livre vert, un cahier bleu …*

2 À deux. Indiquez un dessin et posez
la question: Qu'est-ce que c'est?

● Qu'est-ce que c'est?
● C'est un cahier rouge. Qu'est-ce que c'est?

Le détective

In French, the word for the colour comes after the word it describes.
un crayon rouge *a red crayon*
un livre noir *a black book*

Pour en savoir plus ➡ **page 122**

3a Lis et trouve. C'est à qui?
Whose is it?

Exemple: Damien 2, …

J'ai une règle marron, un stylo rouge et un livre vert. **Damien**

J'ai une trousse jaune, un crayon bleu et un cahier noir. **Didier**

J'ai une gomme bleue, une lampe noire et un feutre jaune. **Sandrine**

 **3b** Fais des phrases.

un ballon	marron verte
une maison	gris
une fleur	blanc blanche
un nuage	vert
une plante	rouge grise

Le détective

Most adjectives add an **e** in the feminine unless they already end in **e**.

Masculine	Feminine
bleu	bleue
noir	noire
vert	verte
gris	grise
blanc	blanche
rouge	rouge
rose	rose
jaune	jaune

But **marron** *and* **orange** *never change.*

Pour en savoir plus ➡ page 122

 3c Qu'est-ce que tu as dans ta trousse? Fais la liste.
Exemple: J'ai une gomme blanche, …

 4a Les instructions. As-tu bien compris?
Instructions. Have you understood?

Exemple: 'A' c'est 'Écrivez' …

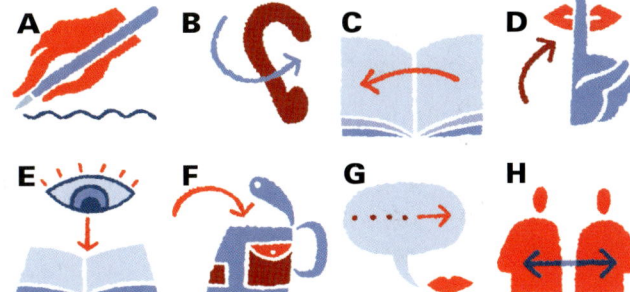

 4b Écoute le professeur. Qu'est-ce qu'il faut faire? Mime l'activité!
Listen to the teacher. What do you have to do? Mime the activity!

Lisez	Écoutez	Parlez	Écrivez
Taisez-vous		Rangez vos affaires	
Travaillez à deux		Ouvrez vos livres	

Bilan et Contrôle révision

I can …
- say what I am called   Je m'appelle …
- ask someone what they are called   Comment tu t'appelles?
- say hello and goodbye   Bonjour; Au revoir
- ask someone how they are   Ça va?
- say I am well   Ça va bien, merci.

I can …
- name 10 classroom items and indicate
  whether the words are masculine
  or feminine   un stylo, une gomme, …
- say what I have got …   J'ai un feutre/une règle.
- … and what I haven't got   Je n'ai pas de taille-crayon.
- say that something is right …   Oui, c'est ça.
- … or wrong   Non, c'est faux.

I can …
- say the alphabet in French   a, b, c, d , etc.
- spell my name   …
- ask how a word is spelt   Comment ça s'écrit?

I can …
- count to 31   un, deux, trois, quatre, etc.
- say the days of the week …   lundi, mardi, etc.
- … and the months of the year   janvier, février, etc.
- say when my birthday is   Mon anniversaire, c'est le deux juin.
- ask someone when their birthday is   Quelle est la date de ton anniversaire?
- wish someone a happy birthday   Bon anniversaire!

I can …
- ask what something is   Qu'est-ce que c'est?
- ask what colour something is   C'est de quelle couleur?
- name 10 everyday items and describe
  their colour   une voiture noire, un ballon bleu, …

1 Écoute et note (1–5):
a Comment s'appellent-ils?
b Ils ont quel âge?

| Alain   Élodie   Julien |
| Magali   Sylvie |

2 Ce sont les affaires de Magali ou de Damien?
Écris M ou D.

J'ai une trousse rouge, un
crayon vert, un stylo noir, un
cahier orange et un livre jaune.
Magali

J'ai un taille-crayon noir, un crayon rouge, un
stylo vert, une trousse jaune et un livre bleu.
Damien

3 À deux. Choisis une personne. Réponds aux questions
de ton/ta partenaire.
Choose a person. Answer your partner's questions.

● Comment tu t'appelles?
● Comment ça s'écrit?
● Quel âge as-tu?
● Quelle est la date de ton anniversaire?

Nom	Fabien
Âge	11
Date d'anniversaire	15/10

Nom	Lucille
Âge	12
Date d'anniversaire	26/4

4 Qu'est-ce que c'est?

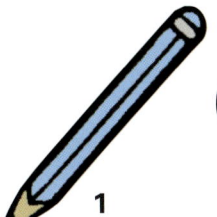    

1   2   3   4   5

EN PLUS *La Francophonie*

La France

La Tunisie

Where is French spoken?

a In which countries, or parts of countries, is French spoken as the main language?
b Name three countries in which it is the official language.
c Name three countries in which it is one of the official languages.

Ici on parle français

Calais

La Manche (The Channel)

Paris

Lyon

La France

Marseille

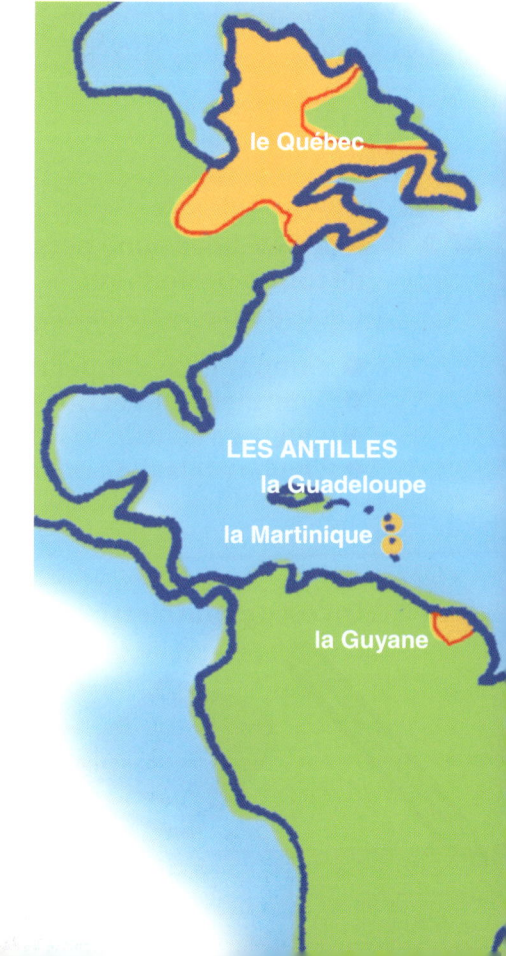

le Québec

LES ANTILLES
la Guadeloupe
la Martinique

la Guyane

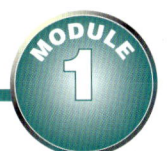

ÉCRIRE 2 Copy and complete the grid.
Can you add any more products?

Produit		Nom/Marque
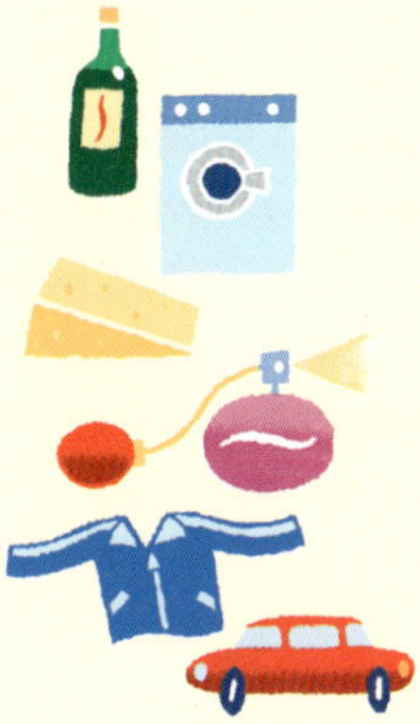	boissons	*Orangina*
	électroménager	
	fromages	
	parfums	
	vêtements	
	voitures	

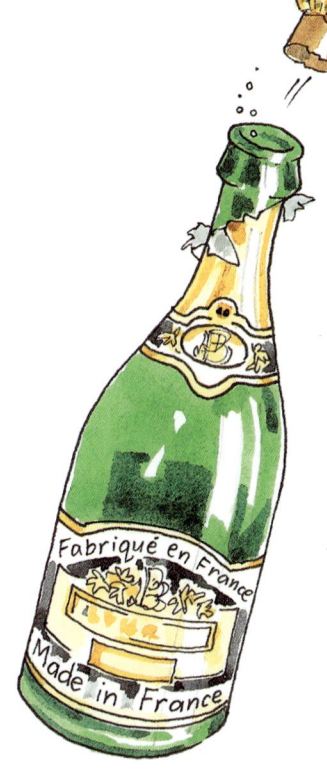

Fabriqué en France
Made in France

LIRE 3 A lot of items in stores and supermarkets are labelled in French and English. Why is this? Try to collect one new French word every time you go shopping!

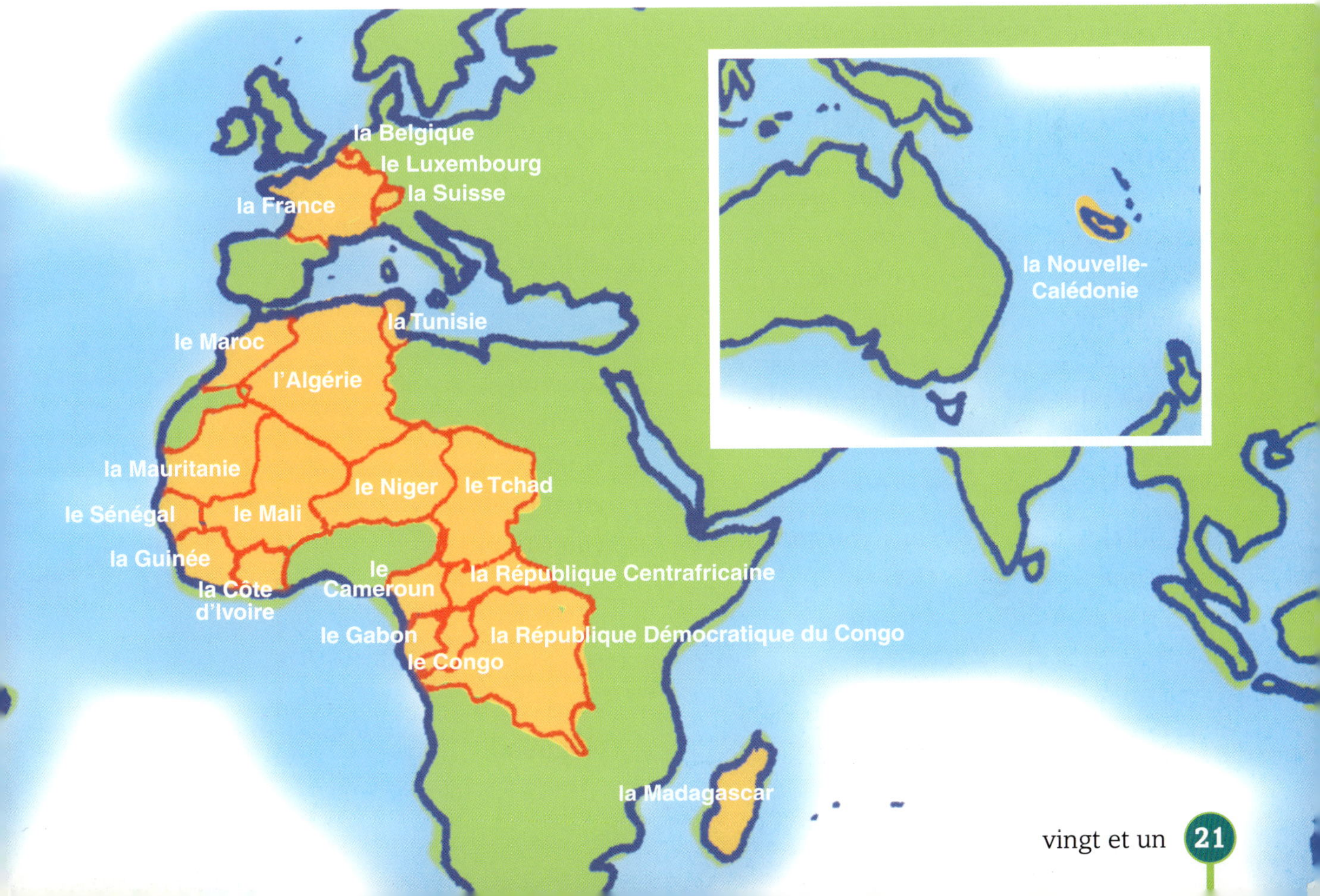

la Belgique
le Luxembourg
la Suisse
la France
la Tunisie
le Maroc
l'Algérie
la Mauritanie
le Niger
le Tchad
le Sénégal
le Mali
la Guinée
la Côte d'Ivoire
le Cameroun
la République Centrafricaine
le Gabon
la République Démocratique du Congo
le Congo
la Madagascar
la Nouvelle-Calédonie

Mots

Salutations — *Greetings*

Salutations	*Greetings*
Comment tu t'appelles?	*What are you called?*
Je m'appelle … . Et toi?	*I'm called … . And you?*
Ça va?	*How are you?*
Oui, ça va, et toi?	*I'm OK, and you?*
Ça va très bien, merci.	*I'm fine, thanks.*
Bof!	*So-so.*
Bonjour.	*Good morning/Hello.*
Salut!	*Hi!*
Au revoir.	*Goodbye.*
oui	*yes*
non	*no*
s'il vous plaît	*please*
merci	*thank you*

Mes affaires — *My things*

Mes affaires	*My things*
Qu'est-ce que c'est?	*What is this?*
C'est un/une …	*It's a …*
un cahier	*an exercise book*
un crayon	*a pencil*
un feutre	*a felt-tip pen*
une gomme	*a rubber*
un livre	*a textbook*
une règle	*a ruler*
un stylo	*a pen*
un stylo à bille	*a ballpoint pen*
un taille-crayon	*a pencil sharpener*
une trousse	*a pencil case*
As-tu un/une …?	*Have you got a …?*
J'ai un/une …	*I have a …*
Je n'ai pas de …	*I haven't got a …*

Comment ça s'écrit? — *How do you spell it?*

Comment ça s'écrit?	*How do you spell it?*
Oui, il y a un 'e'.	*Yes, there is an 'e'.*
Non, il n'y pas de 'e'.	*No, there isn't an 'e'.*
C'est …	*It's …*
Oui, c'est ça.	*Yes, that's right.*
Non, c'est faux.	*No, that's wrong.*
C'est à moi.	*It's mine/It's my turn.*
C'est à toi.	*It's yours/It's your turn.*

Les nombres — *Numbers*

Les nombres	*Numbers*
un	*1*
deux	*2*
trois	*3*
quatre	*4*
cinq	*5*
six	*6*
sept	*7*
huit	*8*
neuf	*9*
dix	*10*
onze	*11*
douze	*12*
treize	*13*
quatorze	*14*
quinze	*15*
seize	*16*
dix-sept	*17*
dix-huit	*18*
dix-neuf	*19*
vingt	*20*
vingt et un	*21*
vingt-deux	*22*
vingt-trois	*23*
vingt-quatre	*24*
vingt-cinq	*25*
vingt-six	*26*
vingt-sept	*27*

vingt-huit	*28*
vingt-neuf	*29*
trente	*30*
trente et un	*31*

Quel âge as-tu?	*How old are you?*
J'ai … ans.	*I'm … (years old).*
Quelle est la date de ton anniversaire?	*What is the date of your birthday?*
Mon anniversaire, c'est le …	*My birthday is on the …*
Bon anniversaire!	*Happy birthday!*

Les mois de l'année — *The months of the year*

janvier	*January*
février	*February*
mars	*March*
avril	*April*
mai	*May*
juin	*June*
juillet	*July*
août	*August*
septembre	*September*
octobre	*October*
novembre	*November*
décembre	*December*

Les jours de la semaine — *The days of the week*

lundi	*Monday*
mardi	*Tuesday*
mercredi	*Wednesday*
jeudi	*Thursday*
vendredi	*Friday*
samedi	*Saturday*
dimanche	*Sunday*

C'est de quelle couleur? — *What colour is it?*

blanc/blanche	*white*
bleu/bleue	*blue*
gris/grise	*grey*
jaune	*yellow*
marron	*brown*
noir/noire	*black*
orange	*orange*
rose	*pink*
rouge	*red*
vert/verte	*green*
un ballon	*a ball*
un imperméable	*a raincoat*
un nuage	*a cloud*
un sac	*a bag*
un uniforme	*a uniform*
un wagon	*a carriage*

Les instructions — *Instructions*

Écoutez!	*Listen!*
Écrivez!	*Write!*
Lisez!	*Read!*
Ouvrez vos livres!	*Open your books!*
Parlez!	*Speak!*
Rangez vos affaires!	*Put your things away!*
Taisez-vous!	*Be quiet!*
Travaillez à deux!	*Work in pairs!*

1 Où habites-tu?

Saying where you live and what nationality you are

l'Allemagne l'Angleterre

l'Autriche l'Espagne

la Belgique

l'Écosse l'Irlande

la Grande-Bretagne

la France

l'Italie la Suisse

le Luxembourg

le pays de Galles

1a C'est quel pays? *Which country is it?*

Exemple: **1** *l'Irlande.*

1b Écoute et vérifie.

2a Écoute et note. Où habitent-ils?
Where do they live?

Exemple: **1**B

J'habite	en	Angleterre/Écosse/Irlande
	au	pays de Galles

1 Nicolas	en **A**ngleterre
2 Connor	en **B**elgique
3 François	en **É**cosse
4 Fiona	en **F**rance
5 Gwen	au pays de **G**alles
6 Daniel	en **I**rlande
7 Céline	en **S**uisse

Le détective

To say 'in' with the name of a country you use
en *with feminine countries:* la France ➡ en France
au *with masculine countries:* le Luxembourg ➡ au Luxembourg

Pour en savoir plus ➡ **page 123**

PARLER
2b
À deux. Choisissez une personnalité et devinez qui est votre partenaire à tour de rôle.
Take turns to choose a personality and guess who your partner is.

- 🔴 Où habites-tu?
- ⚫ J'habite (en Belgique).
- 🔴 Tu es (Nicolas)!
- ⚫ Oui, c'est ça. Et toi? Où habites-tu?
- 🔴 J'habite en/au …

ÉCOUTER
3a
Écoute et note. Qui est-ce? (1–5)

Exemple: **1** *José*

Tony

Didier

Ross

David

José

Louise

Fiona

Gwen

Carmen

Nathalie

PARLER
3b
À deux. Imaginez: que disent-ils?
What do they say?

- 🔴 Ross?
- ⚫ Je suis écossais. Carmen?
- 🔴 Je suis espagnole. …

Rappel		Adjectives
	Masculine	**Feminine**
Je suis	anglais	anglaise
	belge	belge
	écossais	écossaise
	espagnol	espagnole
	français	française
	gallois	galloise
	irlandais	irlandaise

LIRE
3c
Copie et remplis la grille.

Prénom	Nationalité	Pays
Aline	française	France

Je suis française. J'habite à Paris, en France.   Aline

J'habite à Madrid, en Espagne. Je suis espagnole. Mari-Luz

Je suis écossais. J'habite à Édimbourg, en Écosse.   Andrew

Je suis anglaise. J'habite à Manchester, en Angleterre.   Binisha

Je suis anglais. J'habite à Winchester, en Angleterre.   Lewis

Je suis irlandais. J'habite à Cork, en Irlande.   Dermot

ÉCRIRE
4
À toi! Où habites-tu? Copie, complète les phrases … et apprends-les par cœur!
Copy and complete the sentences … and memorise them!

Je m'appelle (Jack/Sarah). Je suis (anglais(e)). J'habite à (Newcastle), (en Angleterre).

2 As-tu des frères et sœurs?

Talking about brothers and sisters

J'ai une sœur.

J'ai deux frères.

J'ai deux sœurs.

J'ai un frère.

Patrice

Aurélie

Jeanne

Olivier

J'ai un frère et une sœur.

Je n'ai pas de frères et sœurs.

Étienne

Magali

1a Écoute et note. Qui parle? (1–6)

Exemple: **1** *Étienne*

1b À deux. Devinette: qui est-ce?

- As-tu des frères et sœurs?
- J'ai (un frère).
- Tu es (Patrice).
- C'est ça. À toi. As-tu des frères et sœurs?
- Non, je n'ai pas de frères et sœurs.
- Tu es …

2a Copie et remplis la grille.

2b Et dans votre classe? Avez-vous des frères et sœurs?
Parle, écoute et note.

0	
	/

autre	

3 Que disent-ils?

Exemple: **1** *J'ai une sœur.*

As-tu	des frères et sœurs?
J'ai	un frère/un demi-frère une sœur/une demi-sœur un frère et une sœur deux frères/deux demi-frères deux sœurs/deux demi-sœurs
Je n'ai pas	de frères et sœurs
Je suis	fils/fille unique

4a C'est la famille de qui?

Mon frère Olivier a douze ans et ma sœur Amélie a quinze ans. **Benjamin**

Mes deux frères s'appellent Marc et Romain. Marc a dix-huit ans et Romain a seize ans. **Janine**

Mes deux demi-sœurs s'appellent Mélanie et Thérèse. Mélanie a vingt ans et Thérèse a dix-huit ans. Mon petit frère Thomas a trois ans. **David**

4b Que disent-ils? Copie et complète avec mon, ma ou mes.

1 J'ai un frère et deux sœurs. M_ _ frère s'appelle Julien et _ _ _ sœurs s'appellent Cathy et Jessica.
2 J'ai deux frères et une sœur. _ _ _ frères s'appellent Nicolas et Guillaume et _ _ sœur s'appelle Delphine.

Le détective

To say 'my' you use **mon, ma** *or* **mes** *according to whether the person or thing you are talking about is masculine, feminine or plural:*

Masculine	Feminine	Plural
mon frère	ma sœur	mes frères/mes sœurs

Pour en savoir plus ➡ page 125

3 As-tu un animal?

Talking about pets

A *un chien*

B *un chat*

C *un lapin*

D *un hamster*

E *une araignée*

F *un poisson*

G *une souris*

H *un oiseau*

1a Écoute et répète. Attention à la prononciation!

1b C'est quelle image? Écoute et trouve. (1–8)
Which picture is it?

Exemple: **1**D

1c À deux.
- 'A', c'est quel animal?
- C'est un/une ... . 'B', c'est quel animal?

1d À deux. Jeu de cartes.

2a Que disent-ils?

Exemple: **1** *J'ai des lapins.*

Le détective

If you want to say you have more than one cat, dog or even spider, you usually add an **s** unless the word already ends in **s**.

Singular	Plural
un chien *a dog*	des chiens *some dogs*
une souris	des souris

Words which end in **eau** take **x**.

un oiseau	des oiseaux

Pour en savoir plus ➡ page 124

2b Interviewe trois personnes.

- As-tu un animal?
- Oui, j'ai un/une/des .../Non, je n'ai pas d'animal.

A *le chien blanc*   **C** *le chat tigré*   **E** *l'araignée blanche*   **G** *le lapin blanc*   **I** *la souris blanche*

  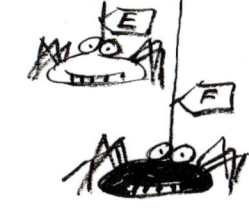  

B *le chien noir*   **D** *le chat noir*   **F** *l'araignée noire*   **H** *le lapin gris*   **J** *la souris grise*

3a **Quels animaux préfèrent Nicolas et Corinne? Écoute et trouve. (1–5)**
Which animals do Nicolas and Corinne prefer?

Exemple: **1** *Nic – A, Cor – B*

3b **Fais la liste.**

Exemple: *Nicolas préfère le chien …, Corinne …*

Le détective

The word for 'the' in French is **le**, **la** or **les**.

	Masculine	Feminine	Plural
a/some	un lapin	une souris	des lapins/des souris
the	le lapin	la souris	les lapins/les souris

If the word begins with a vowel, both **le** and **la** become **l'**:

l'oiseau   l'araignée   les oiseaux/les araignées

Pour en savoir plus ➡ page 125

3c **À deux. Quels animaux préfères-tu?**
Which animals do you prefer?

● Je préfère (le chien noir). Et toi?
● Moi aussi, je préfère (le chien noir).
● Je préfère (le chat tigré), et toi?
● Moi, je préfère (le chat noir).

4 **Ils sont à qui? Écris B, V ou M.**
Whose are they?

1    **2**    **3**    **4**    **5**    **6**

Mon chat est noir et mon chien est blanc. — **Benjamin**

Véronique — *J'ai des oiseaux verts et un chat tigré.*

Mon oiseau est jaune et mon chien est brun. — **Mélanie**

Mini-test   I can …

● say where I live and what nationality I am
● ask someone where they live
● say if I have any brothers and sisters
● say what they are called
● ask someone if they have any brothers and sisters
● say if I have or haven't got a pet
● ask someone if they have a pet
● say which animal I prefer

4 Les yeux et les cheveux

Talking about what you look like

J'ai les yeux bleus.

J'ai les yeux bruns.

J'ai les yeux noisette.

J'ai les cheveux blonds.

J'ai les cheveux châtains.

J'ai les cheveux noirs.

J'ai les cheveux bruns.

J'ai les cheveux roux.

1a Écoute et répète. Attention à la prononciation.

1b Ils ont les yeux et les cheveux de quelle couleur?
Copie la grille. Écoute et complète.
What colour eyes and hair have they got?

Nom								
Constance								
Vincent								
Cédric								
Julie								
Charlotte								
François								

1c À deux. Que disent-ils?

- Que dit Constance?
- J'ai les yeux … et les cheveux … .
  Que dit Vincent?

1d Fais la liste.

Exemple: Constance: J'ai les yeux …

J'ai les cheveux longs.

J'ai les cheveux mi-longs.

J'ai les cheveux courts.

2a Qui écrit?

Jérôme

Grégory

Éric

1 J'ai les yeux bleus et les cheveux blonds et mi-longs.

2 *Mes yeux sont noisette et mes cheveux sont longs et châtains.*

3 J'ai les yeux bruns et les cheveux bruns aussi.

Monique

Stéphanie

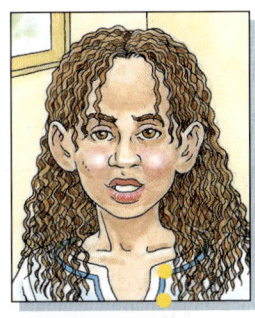
Laurence

4 J'ai les cheveux courts et roux et les yeux bleus.

5 Mes yeux sont noisette et mes cheveux sont châtains et mi-longs.

6 J'ai les cheveux courts et blonds et les yeux bleus.

2b Qui est-ce? Écoute et trouve.

3a Devinette: à tour de rôle, faites la description d'un(e) camarade de classe.
Take turns to describe a classmate.

- Il ou elle a les cheveux … . Qui est-ce?
- C'est Melanie?
- Non. Il ou elle a les yeux …
- C'est Joshua?
- Oui.
- C'est à moi. Il ou elle a …

Le détective

avoir	to have
j'ai	*I have*
tu as	*you have*
Jérôme/il a	*he has*
Monique/elle a	*she has*

Pour en savoir plus ➡ page 127

3b Décris trois personnes. Copie et complète.
Describe three people.

Exemple: *Mon copain (Harry) a les yeux … et les cheveux …*
Ma copine (Penny) a …
Moi, j'ai les …

5 *Tu es comment?*

Saying how tall you are and what you are like

Je suis petite.

Je suis petit.

Je suis de taille moyenne.

Je suis grande.

Je suis grand.

Élodie **Benoît** **Constance** **Maurice** **Pauline** **Sébastien**

1a **Qui parle?** (1–6) *Exemple:* **1** *Sébastien*

1b **À deux. Que disent-ils?** 🔴 Que dit Pauline?
⚫ Je suis grande. Que dit Maurice?

1c **Ils sont comment?**
What are they like?

Exemple: **1** *Sébastien est grand.*

Rappel	Adjectives
Masculine	**Feminine**
grand	grande
petit	petite
de taille moyenne	de taille moyenne

Le détective

être	*to be*
je suis	*I am*
tu es	*you are*
Sébastien/il est	*he is*
Pauline/elle est	*she is*

Pour en savoir plus ➡ page 127

2 **Qui parle?**

1 Je suis petite. J'ai les yeux bruns et les cheveux bruns aussi.

2 Je suis grand et j'ai les yeux bruns et les cheveux bruns.

3 Je suis de taille moyenne. J'ai les yeux bleus et les cheveux châtains.

4 Je suis petit. J'ai les yeux bleus et les cheveux blonds.

5 Je suis grande. J'ai les cheveux bruns et les yeux bruns.

6 Je suis grand et j'ai les yeux noisette et les cheveux blonds.

Damien Hanane Sophie Asif Malika Thomas

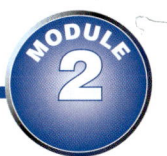

A marrant/marrante

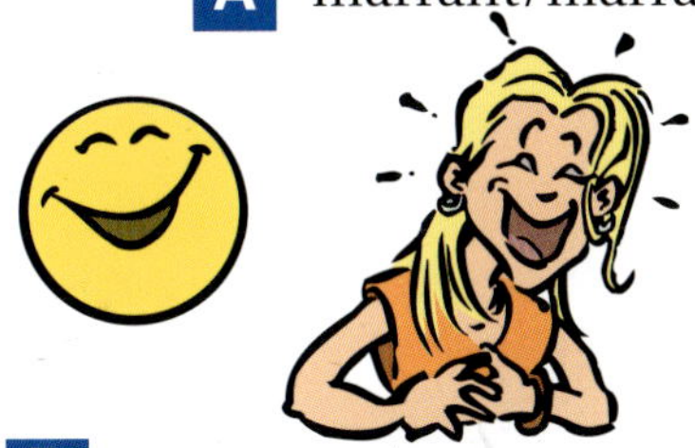

B ennuyeux/ennuyeuse

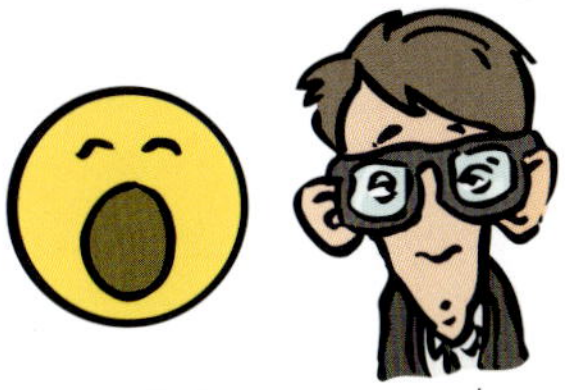

C sportif/sportive

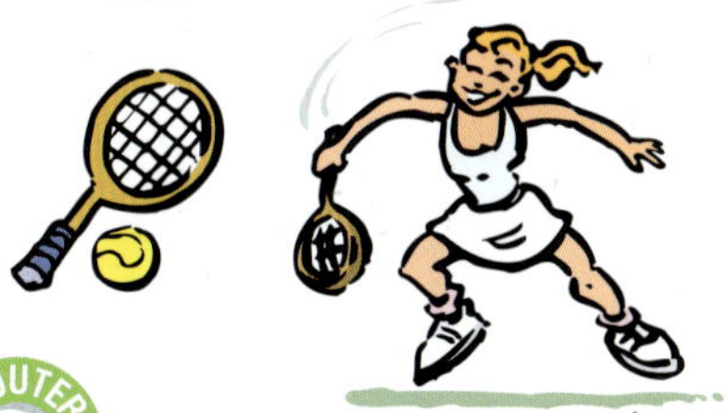

je suis
tu es
il est
elle est

D paresseux/paresseuse

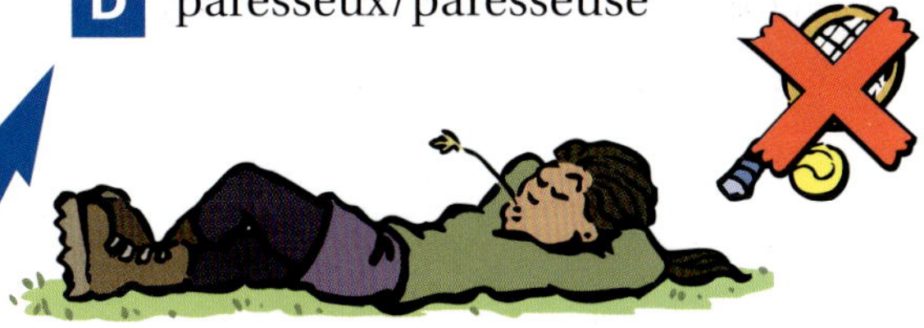

E bavard/bavarde

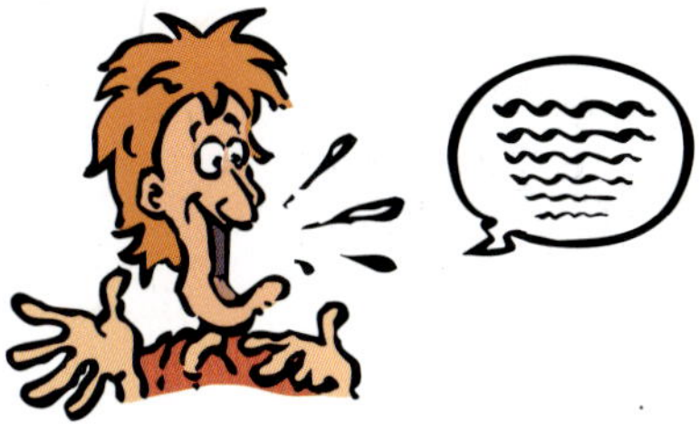

F timide

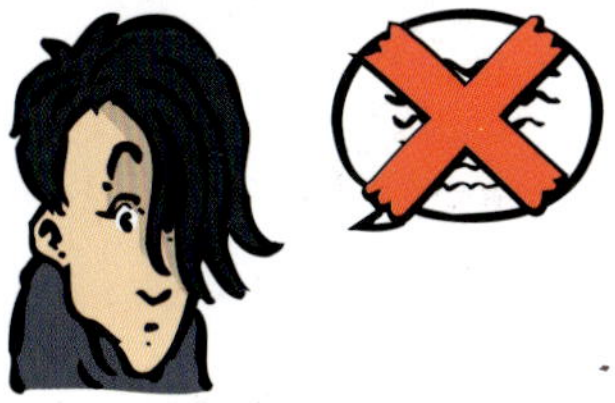

ÉCOUTER **3a** **Ils sont comment? Écoute et note. (1–6)** ***Exemple:*** **1***E*

ÉCRIRE **3b** **Fais la liste.** ***Exemple:*** *Hanane est bavarde. Asif …*

PARLER **4a** **À deux. Ils sont comment?**

- Julie est comment?
- Elle est marrante. Vincent est comment?

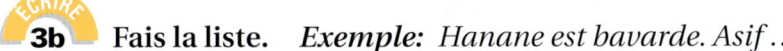

Julie	Sarah	Vincent	Nathalie	Pascal	Jean-Luc

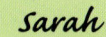

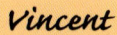

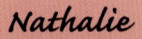

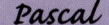

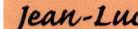

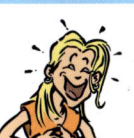

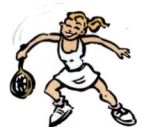

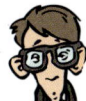

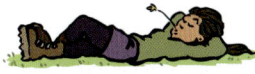

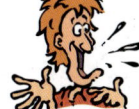

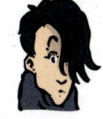

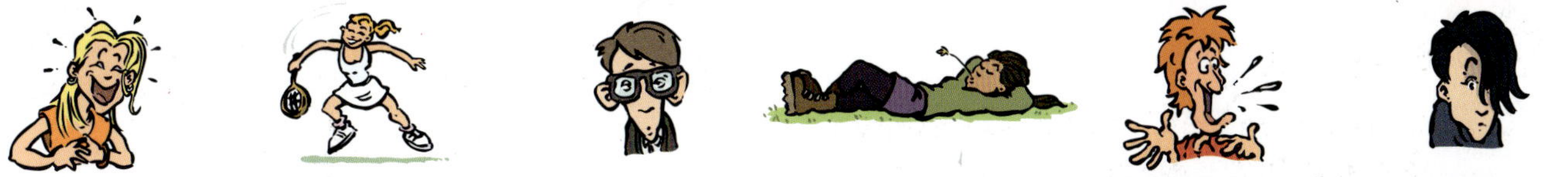

PARLER **4b** **À deux. Jeu de cartes.**

ÉCRIRE **5** **Colle la photo d'une personnalité dans ton cahier et écris une légende.**
Stick a photo of a celebrity into your exercise book and write a caption.

Exemple: *Martina Hingis est sportive.*

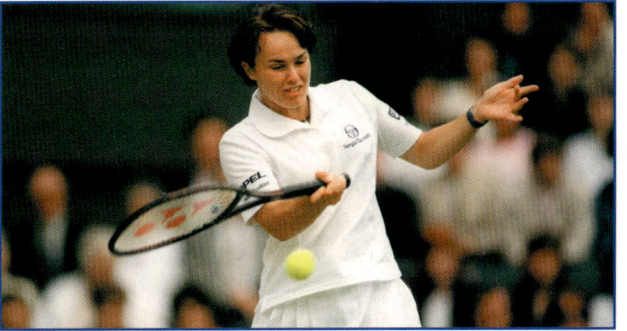

Bilan et Contrôle révision

I can …
- *say where I live*

  J'habite en Angleterre/Écosse/Irlande.
  J'habite au pays de Galles.
- *ask someone where they live*

  Où habites-tu?
- *say what nationality I am*

  Je suis anglais(e)/écossais(e)/
  gallois(e)/irlandais(e).

I can …
- *say if I have any brothers and sisters*

  J'ai un frère/deux frères/une sœur/deux sœurs.
  Je n'ai pas de frères et sœurs.
  Je suis fils/fille unique.
- *say what they are called*

  Il/Elle s'appelle …
  Ils/Elles s'appellent …
- *ask someone if they have any brothers and sisters*

  As-tu des frères et sœurs?

I can …
- *say if I have any pets*

  J'ai un chien. J'ai deux hamsters.
  Je n'ai pas d'animal.
- *ask someone if they have a pet*

  As-tu un animal?
- *say which animal(s) I prefer*

  Je préfère la souris blanche/les oiseaux bleus.

I can …
- *say what colour eyes I've got*

  J'ai les yeux bleus.
- *say what colour hair I've got*

  J'ai les cheveux blonds/châtains.
- *say how long my hair is*

  J'ai les cheveux longs/mi-longs.
- *describe a friend's hair and eyes*

  Il/Elle a les yeux bleus et les cheveux
  roux et courts.
- *say how tall I am*

  Je suis petit(e)/grand(e).
- *say how tall a friend is*

  Il/Elle est de taille moyenne.
- *say what sort of person I am*

  Je suis marrant(e) et paresseux/paresseuse.
- *say what sort of person someone else is*

  Il/Elle est ennuyeux/ennuyeuse et timide.

1 Ils ont des frères et sœurs?
Ils ont un animal?
Copie et remplis la grille.

1									
2									
3									
4									
5									

2 Lis la description de Thomas. Copie et remplis la fiche en français.

Je m'appelle Thomas. J'ai onze ans et j'habite à Paris, en France. Mon anniversaire, c'est le trois juin. J'ai un frère et deux sœurs. J'ai un chat qui s'appelle Minou. J'ai les yeux noisette et les cheveux châtains et courts. Je suis sportif.

Prénom _____
Ville/Pays _____
Nationalité _____
Âge _____
Anniversaire _____

3 À deux, à tour de rôle. Choisis une personne. Réponds aux questions de ton/ta partenaire.

Michael 15

Richard 13

Stéphanie 12

Marion 14

- Comment tu t'appelles?
- Quel âge as-tu?
- Où habites-tu?
- As-tu des frères et sœurs?
- As-tu un animal?
- Es-tu sportif/sportive?

4 Écris une description pour toi comme Thomas.
Write a description of yourself like Thomas's.

 **1a**   **Qui est-ce?**

 1b   **Vrai ou faux?**
True or false?

1. Patrice est français.
2. Il habite à Chantilly.
3. Chantilly est en Suisse.
4. Patrice a les cheveux bruns.
5. Il est paresseux.
6. Il n'a pas de frère.
7. Le chat s'appelle Gilles.
8. Le chien s'appelle Milou.
9. Gilles a 15 ans.
10. Clémentine a 8 ans.

Salut!

Je m'appelle Patrice Meugeot. J'ai douze ans. Mon anniversaire, c'est le 15 juillet. Je suis français. J'habite en France, à Chantilly, près de Paris. J'ai les cheveux blonds et courts et les yeux noisette. Je suis sportif et bavard.

J'ai un frère et deux sœurs. Mon frère s'appelle Gilles. Il a les yeux bleus et les cheveux châtains. Il a seize ans. Mes sœurs s'appellent Clémentine et Anne-Laure. Clémentine a huit ans. Elle a un chat qui s'appelle Pouchka. Anne-Laure a quatre ans. Elle a un chien qui s'appelle Milou.

1c   **Qui parle? Écoute et note. (1–4)**

2 **Que dit Aurélie? Copie et complète la lettre.**

Cher/Chère corres,

Je m'appelle Aurélie. J'ai (1) ans. Mon anniversaire, c'est le (2). J'habite en (3), à Lausanne. J'ai les cheveux (4) et (5) et les yeux (6). Je suis (7). J'ai un demi-frère et une (8). Mon (9) s'appelle (10). Il a les cheveux (11) et les yeux (12). (13) a (14) ans. Ma (15) s'appelle Emmanuelle. (16) a (17) ans. Elle a un (18) qui s'appelle (19) et un poisson qui s'appelle (20). Je n'ai pas de (21). Et toi?

Comment tu t'appelles?
Où habites-tu?
Quel âge as-tu?
As-tu des frères et sœurs?
Quel type de personne es-tu?

J'attends ta lettre avec impatience!

Aurélie

Boule

Frédéric 15 ans

Bill
Emmanuelle 7 ans

3 Écris une lettre à Aurélie.
Réponds à ses questions.

Mots

Les pays	Countries
J'habite en/au …	I live in …
l'Allemagne	Germany
l'Angleterre	England
l'Autriche	Austria
la Belgique	Belgium
l'Écosse	Scotland
l'Espagne	Spain
la France	France
le pays de Galles	Wales
la Grande-Bretagne	Great Britain
l'Irlande	Eire
l'Irlande du Nord	Northern Ireland
l'Italie	Italy
le Luxembourg	Luxembourg
la Suisse	Switzerland

Je suis …	I am …
anglais/anglaise	English
belge/belge	Belgian
écossais/écossaise	Scottish
espagnol/espagnole	Spanish
français/française	French
gallois/galloise	Welsh
irlandais/irlandaise	Irish

As-tu des frères et sœurs?	Have you any brothers and sisters?
J'ai un frère.	I have a brother.
J'ai une sœur.	I have a sister.
J'ai deux frères.	I have two brothers.
J'ai deux sœurs.	I have two sisters.
J'ai un frère et une sœur.	I have one brother and one sister.
Je n'ai pas de frères et sœurs.	I haven't any brothers or sisters.
Je suis fils/fille unique.	I'm an only child (son/daughter).
J'ai un demi-frère.	I have a half-brother.
J'ai une demi-sœur.	I have a half-sister.
mon frère	my brother
ma sœur	my sister
mon copain	my friend (male)
ma copine	my friend (female)
mes copains	my friends (male/male and female)
mes copines	my friends (female)

As-tu un animal?	Have you got a pet?
J'ai …	I have …
une araignée	a spider
un chat	a cat
un chien	a dog
un hamster	a hamster
un lapin	a rabbit
un oiseau	a bird
un poisson	a fish
une souris	a mouse
des araignées	some spiders
des chats	some cats
des chiens	some dogs
des hamsters	some hamsters
des lapins	some rabbits
des oiseaux	some birds
des poissons	some fish
des souris	some mice
Je n'ai pas d'animal.	I haven't got a pet.
Je préfère le/la/l'/les …	I prefer the …

Les cheveux et les yeux *Hair and eyes*

J'ai …	I have …
Tu as …	You have …
Il a …	He has …
Elle a …	She has …
As-tu …?	Have you got …?
les yeux bleus	blue eyes
les yeux bruns	brown eyes
les yeux noisette	hazel eyes
les cheveux blonds	fair hair
les cheveux bruns	brown hair
les cheveux châtains	light brown hair
les cheveux noirs	black hair
les cheveux roux	red hair
les cheveux courts	short hair
les cheveux longs	long hair
les cheveux mi-longs	medium-length hair

Tu es comment?	What sort of person are you?
Je suis …	I am …
Tu es …	You are …
Il est …	He is …
Elle est …	She is …
Es-tu …?	Are you …?
grand/grande	big, tall
petit/petite	small, short
de taille moyenne	of medium height
bavard/bavarde	talkative
ennuyeux/ennuyeuse	boring
marrant/marrante	fun, funny
paresseux/paresseuse	lazy
sportif/sportive	sporty, athletic
timide	shy

1 *Les matières*

Talking about school subjects

1 **2** **3** **4** **5**

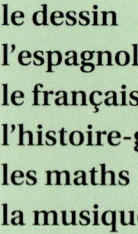

6 **7** **8** **9** **10**

l'anglais
le dessin
l'espagnol
le français
l'histoire-géo
les maths
la musique
les sciences
le sport/l'EPS
   (l'éducation
   physique et sportive)
la technologie

1a À deux. C'est quelle matière?
Which subject is it?

● Le numéro un, c'est quelle matière?
● C'est les maths. Le numéro deux, c'est quelle matière?

1b Écoute et répète. Attention à la prononciation.

1c À deux. Jeu de cartes.

● C'est quelle matière?
● C'est …

2a Quelle est ta matière préférée? Copie la grille, écoute et coche.
Which is your favourite subject? Copy the grid, listen and tick.

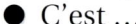

2b Faites un sondage dans la classe: nos matières préférées
Do a class survey: our favourite subjects

● (Jack), quelle est ta matière préférée?
● Ma matière préférée, c'est …
● Et toi, (Becky)?

2c C'est pour quelle matière? Fais la liste.

Exemple: **1** *C'est pour l'histoire-géo.*

C'est comment?		
✓	—	✗
C'est super!	Bof!	C'est nul!
C'est génial!	Ça va.	C'est ennuyeux.
C'est intéressant.	C'est OK.	

3a Les maths, c'est comment? Le sport, c'est comment?
Écoute et trouve. (1–7)
What is maths like? What is sport like?

Exemple: **1** *maths* — *, sport* ✓

3b Que disent-ils?

Exemple: **1** *Le sport? Bof! Les sciences? …*

4a Fais la liste de tes matières. Cherche les mots que tu ne connais pas dans le dictionnaire.
List your subjects. Look up the words you don't know in the dictionary.

4b Interviewe ton/ta partenaire et note ses réponses.

- Les maths, c'est comment?
- C'est génial.
- L'anglais, c'est comment?

les arts dramatiques

5a Range tes matières par ordre de préférence et dessine un symbole pour chaque matière.
List your subjects in order of preference and draw a symbol for each subject.

Exemple: **1** *le sport*

5b Quelle est ta matière préférée?
Copie et complète.

Exemple: *Ma matière préférée, c'est … .*
C'est …!

l'informatique

2 Quelle heure est-il?

Telling the time

Je m'appelle Laurent et j'ai onze ans. Mon collège s'appelle le collège Rimbaud. Les cours commencent à huit heures et finissent à quatre heures. À midi je mange à la cantine.

Laurent

1 Lis le texte.

Tu ne comprends pas?
Pose des questions à ton professeur:

Pardon, monsieur/madame.
Je ne comprends pas 'les cours'.
Qu'est-ce que c'est en anglais?

2a Quelle heure est-il? Écoute et note. (1–8) *Exemple:* **1** *4h*
What time is it?

Il est	une heure
	deux heures
	trois heures

2b Écris des phrases. *Exemple:* **1** *Il est quatre heures.*

2c À deux. Quelle heure est-il?
● Le numéro un: quelle heure est-il?
● Il est quatre heures. Le numéro deux: …

A Il est huit heures.

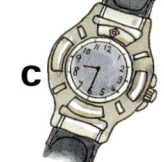
B Il est huit heures et quart.

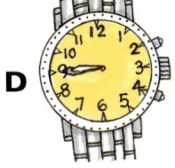
C Il est huit heures et demie.

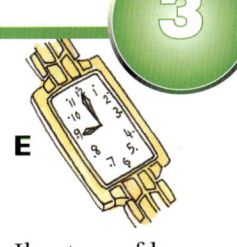
D Il est neuf heures moins le quart.

E Il est neuf heures.

F Il est neuf heures cinq.

G Il est neuf heures vingt.

H Il est neuf heures vingt-cinq.

I Il est dix heures moins vingt-cinq.

J Il est dix heures moins vingt.

K Il est midi/minuit.

3a
Choisis la bonne montre. Écoute et trouve. (1–10)
Choose the right watch.

Exemple: **1** *E*

3b
À deux. Lisez l'heure à tour de rôle.

- ● 'A'?
- ● Il est huit heures. 'B'?
- ● Il est huit heures et quart. 'C'?

Il est	huit heures	
	huit heures	cinq/dix/vingt/vingt-cinq
		et quart/et demie
	neuf heures	moins vingt-cinq/vingt/dix/cinq
		moins le quart
midi/minuit		

4a
Les cours commencent à quelle heure? Copie et remplis la grille. (1–6)
At what time do the lessons begin?

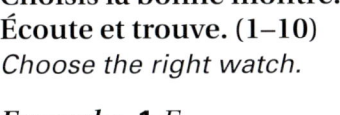

 8h10

Les minutes et les secondes

30	trente	40	quarante
31	trente et un	41	quarante et un
32	trente-deux	50	cinquante
33	trente-trois	51	cinquante et un
34	trente-quatre	60	soixante
35	trente-cinq		
36	trente-six		
37	trente-sept		
38	trente-huit		
39	trente-neuf		

4b
Fais un résumé.

Exemple: *Le cours de maths commence à huit heures dix.*

4c
À deux, à tour de rôle.

- ● Quelle heure est-il?
- ● Il est …
- ● C'est quel cours?
- ● C'est … . Quelle heure est-il?

 8:30   9:15   10:20   11:10   2:10   3:05

3 L'emploi du temps

Talking about your timetable

le labo(ratoire)	lab(oratory)
la salle de gym(nastique)	gym(nasium)
le terrain de sport	sports field

● ● ● ● ● ● ● ● ● ● ● ● ● ● ● ●

	LUNDI	MARDI	(MERCREDI)	JEUDI	VENDREDI	SAMEDI
8h00–9h00	français salle 2	maths salle 5		histoire-géo salle 3	maths salle 2	anglais salle 1
9h00–10h00	maths salle 5	maths salle 5		français salle 6	anglais salle 1	musique salle 7
RÉCRÉATION						
10h15–11h15	dessin salle 10	français salle 2		dessin salle 10	technologie salle 8	EPS t. de sport
11h15–12h15	histoire-géo salle 3	anglais salle 1		anglais salle 1	technologie salle 8	EPS t. de sport
DÉJEUNER						
2h00–3h00	sciences labo	EPS salle de gym		histoire-géo salle 9	français salle 2	
3h00–4h00	sciences labo	EPS salle de gym		français salle 4	français salle 2	

1a **Lis l'emploi du temps de Nicolas.**
Read Nicolas's timetable.

1b **C'est quel jour? Écoute et note. (1–10)**

1c **À deux. À tour de rôle, choisis un jour et une heure.**
- ● C'est (mardi à neuf heures). Nicolas a quelle matière?
- ● Il a (maths).
- ● C'est en quelle salle?
- ● C'est (en salle 5/au labo/sur le terrain de sport).

1d **Lis les textes. C'est quel jour?**

| nous avons | we have |
| nous commençons par | we begin with |

1 Aujourd'hui nous avons maths et anglais. Puis après la récré, nous avons deux heures de technologie. L'après-midi, nous avons deux heures de français.

2 Ce matin, nous avons deux heures de maths. Après la récré, nous avons français et puis anglais. L'après-midi, c'est deux heures de gymnastique.

3 Aujourd'hui nous commençons par français, puis une heure de maths. Après la récré, c'est dessin et histoire-géo. L'après-midi, nous avons deux heures de sciences.

4 Nous commençons aujourd'hui par histoire-géo et puis une heure de français. Ensuite c'est la récré et après, nous avons dessin et anglais. L'après-midi, nous avons encore une heure d'histoire-géo et une heure de français.

2 **Copie l'emploi du temps et complète-le pour Karima.**
Copy the timetable and complete it for Karima.

ÉCOUTER
3a Quelles matières font les profs?
Écoute et trouve. (1–6)
What subjects do the teachers take?

Exemple: **1**C

1. M. Dubarry	2. Mme Leclerc	3. M. Harel
4. Mme Thélan	5. Mme Moureaux	6. M. Gosselin

Le détective

faire	to do
je fais	I do
tu fais	you do
il/elle fait	he/she does

Pour en savoir plus ➡ page 128

 A
 B
 C
 D
 E
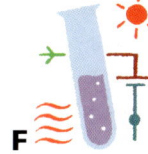 F

PARLER
3b À deux, à tour de rôle.
🔴 Que fait Monsieur Dubarry?
⚫ Il est prof d'anglais. Que fait Madame Leclerc?
🔴 Elle est prof de …

ÉCOUTER
4a Qui fait quelle matière, en quelle salle, avec quel prof? Écoute et note.
Who is doing which subject, in which room, with which teacher?

Olivier	Natacha	Véréna	Daniel	Magali	Hassan
gym	5	8	10	labo	2
Mme Leclerc	M. Harel	M. Dubarry	Mme Moureaux	Mme Thélan	M. Gosselin

PARLER
4b À deux, à tour de rôle.

🔴 Que fait Olivier?
⚫ Il fait anglais en salle 5 avec M. Dubarry.
Que fait Natacha?

ÉCRIRE
4c Copie et complète.

Olivier fait … en salle … avec M. Dubarry.
Natacha … espagnol en … 8 … M. Harel.
Véréna fait … au labo avec M. …
Daniel … . Magali … . Hassan …

Mini-test   **I can …**
● say what subjects I do at school
● say what I think of them
● say I don't understand and ask for help
● count to 60
● ask and tell the time
● say which teachers I have for which
   subjects

4 Une journée au collège

Talking about your day at school

1a Que dit Marc? Écoute et note. (1–6)

Exemple: **1** *C*

1b À deux. Jouez au morpion.

1c À deux. Jeu de cartes.
- 🔴 Que fais-tu?
- ⚫ Je travaille à l'ordinateur.
- 🔴 Faux.
- ⚫ Je mange à la cantine.
- 🔴 C'est ça. À toi.

2a Que fais-tu?

Exemple: **1** *Je joue*

2b Que fait ton/ta partenaire?

Exemple: **1** *Tu arrives*

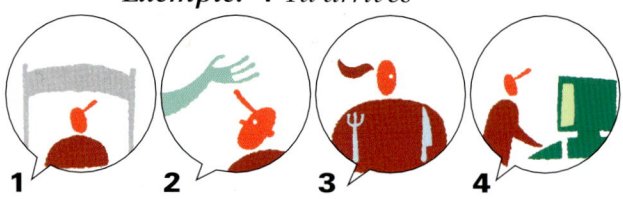

2c Que fait Nicolas?

Exemple: **1** *Il mange*

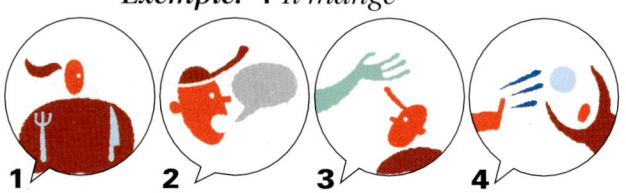

A

J'arrive au collège.

B

Je parle avec mes copains.

C

J'écoute le professeur.

D

Je travaille à l'ordinateur.

E

Je mange à la cantine.

F

Je joue avec mes copains.

Le détective

Many French verbs end in **-er**.
You have already met these:

arriver	*to arrive*
écouter	*to listen*
jouer	*to play*
manger	*to eat*
parler	*to talk*
travailler	*to work*

Most **-er** verbs follow this pattern:

je …e
tu …es
il/elle …e

Pour en savoir plus ➡ page 127

LIRE

3a Lis le texte et cherche les mots inconnus dans le vocabulaire.
Mets les images dans le bon ordre.

Exemple: **1***C*

A

B

C

D

E

F

G

H

I

J

K

Le lundi

J'arrive au collège à 7h50 et je parle avec mon copain Gilles et ma copine Katia. Les cours commencent à huit heures cinq.

Le premier cours, c'est le français. Le professeur arrive et dit: "Bonjour, les élèves. Sortez vos livres!" Je travaille, j'écoute le prof, je lis mon livre, j'écris des phrases dans mon cahier et je ne parle pas!

Puis j'ai un cours de maths et après c'est la récré. Pendant la récré, je joue avec mes copains. Après la récré, il y a un cours de sciences et un cours d'anglais.

À midi, je mange à la cantine. L'après-midi, j'ai un cours de technologie, un cours de dessin et un cours de gymnastique. C'est super!

Que fais-tu le lundi?

ÉCRIRE

3b Copie les phrases dans le bon ordre.

A J'écoute le professeur.
B Je parle avec mes copains.
C Je joue avec mes copains.
D Je mange à la cantine.
E J'écris dans mon cahier.
F Je travaille à l'ordinateur.
G Je lis mon livre.
H J'arrive au collège.
I J'ai un cours de gymnastique.

Le détective

The words for 'my', 'your' and 'his/her' change to agree with the thing or person they are describing.

	Masc.	Fem.	Plural	
my	mon	ma	mes	Je joue avec mon copain.
your	ton	ta	tes	Tu joues avec ta copine.
his/her	son	sa	ses	Il/Elle joue avec ses copains.

Pour en savoir plus ➡ **page 129**

5 Qu'est-ce que tu portes?

Talking about what you wear

● ●

A un polo

B un sweat

C une jupe

D des chaussettes *(f)*

E un tee-shirt

F un pull

G un jean

H des tennis *(f)*

I une chemise

J un blouson/
un veston

K un pantalon

L des baskets *(f)*

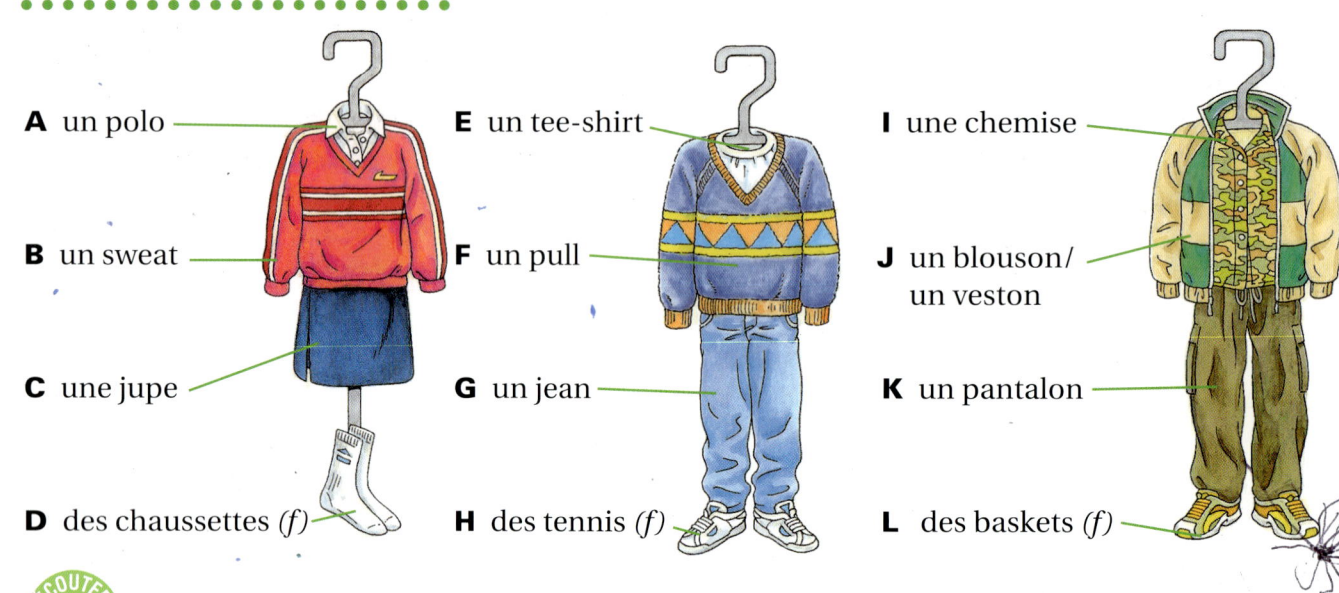

1 Que portent-ils?
Copie les noms, écoute et note.
What are they wearing?

Benjamin   Louise   Éric   Aurélie   Solange

Benjamin
Delphine
Loïc
Jeannot
Marianne

2a À deux, à tour de rôle. Que portent-ils?

● Jeannot porte un polo blanc, …
● Marianne porte …

2b Fais des descriptions.

Exemple: *Jeannot porte un polo blanc, …*

Rappel   Adjectives

Remember that most adjectives change to agree
with the noun they describe (see page 17). In the
plural they usually add an **s**.

Singular		Plural	
Masculine	*Feminine*	*Masculine*	*Feminine*
blanc	blanche	blancs	blanches
gris	grise	gris	grises
rouge	rouge	rouges	rouges

MODULE

LIRE

3 **Dessine et colorie les vêtements.**
Draw and colour in the clothes.

Je porte mon polo rouge, mon sweat noir, mon pantalon noir, mes chaussettes noires et mes baskets rouges.

Je porte mon tee-shirt vert, mon jean bleu, mes chaussettes blanches et mes tennis orange.

Aujourd'hui je porte mon tee-shirt blanc, mon pull rouge, mon pantalon noir et mes baskets grises.

Je porte mon polo blanc, ma jupe bleue, mon blouson noir et mes tennis blanches.

PARLER

4a **Que portes-tu pour aller au collège?**   *Exemple:*   *Je porte …*
What do you wear to go to school?

un chemisier   un collant

des chaussures

une cravate   une veste   une robe

à rayures   à carreaux

marron   rouge

bordeaux   beige

vert foncé   vert olive

bleu marine   bleu clair

ÉCRIRE

4b **Que portes-tu pour aller au collège? Copie et complète.**

Exemple: *Pour aller au collège, je porte …*

ÉCRIRE

5 **Dessine et décris un nouvel uniforme pour ton collège.**
Draw and describe a new uniform for your school.

Fais des recherches!
If you don't know the French word for the colour of your schoolwear, look it up in the dictionary.

Rappel   **Adjectives**

Some adjectives don't change in the feminine or the plural:

ma chemise orange
ma veste bordeaux
ma cravate bleu marine/bleu clair
mes chaussures marron
mes chaussettes vert foncé/vert olive

Bilan et Contrôle révision

I can …
- *say what subjects I do at school*
- *say what I think of them*

Aujourd'hui j'ai/nous avons anglais, dessin, …
C'est génial!/Bof!/C'est nul!

I can …
- *count to 60*
- *ask and tell the time*

- *say I don't understand …*
- *… and ask for help*

Trente, trente et un, trente-deux, …
Quelle heure est-il?
Il est neuf heures dix. Il est midi.
Je ne comprends pas 'matière'.
Qu'est-ce que c'est en anglais?

I can …
- *name 8 of my teachers and say what they teach*
- *say where I'm doing which subject …*
- *… and with which teacher*
- *say where someone else has lessons …*
- *… and with which teacher*
- *talk about my day at school*

- *describe what I wear to school*

Mr/Mrs … est prof de maths.

Je fais français en salle 5 …
… avec M./Mme …
Il/Elle fait sciences au labo …
… avec M./Mme …
J'arrive au collège. Je parle avec mes copains. …
Je porte une chemise blanche, un pull bordeaux, une veste noire, un pantalon gris et des chaussures noires.

1 **a** Quelle est leur matière préférée?
Écoute et trouve. (1–10)

b Qu'est-ce qu'ils n'aiment pas?
Écoute et trouve. (1–10)

2 À deux. À tour de rôle, interviewe ton/ta partenaire.

● Que fait Monsieur (Dubois)?
● Comment trouves-tu (les maths)?
● Quelle est ta matière préférée?

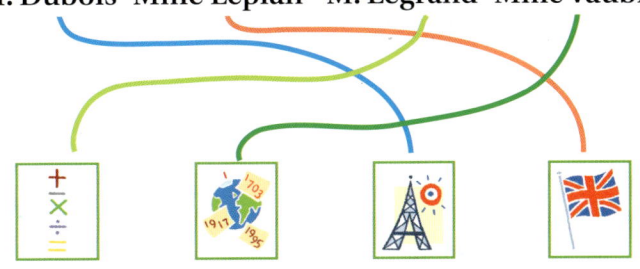

3 **a** Mets les matières dans le bon ordre pour le lundi.
b C'est quel prof?

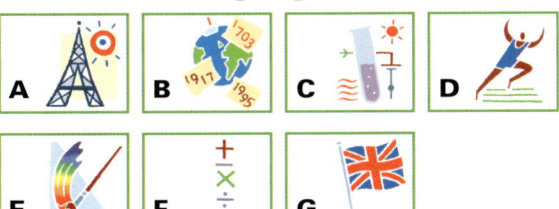

Au collège je fais sept matières. Le lundi, le premier cours c'est le français avec M. Hernan. Après le français, c'est les maths avec M. Gilbert, puis c'est la récré. Après la récré, c'est l'anglais avec M. Moureau et l'histoire-géo avec Mme Olivier. L'après-midi, j'ai un cours de dessin avec M. Lenormand, un cours de sciences avec Mme Lebois et un cours de gym avec Mme Fournier.

4 **a** Que disent-ils?

Exemple: **1** *Le français? Ça va.*

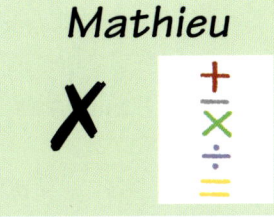

b Et tes matières? C'est ✓ , — ou ✗? Écris des phrases.

EN PLUS *Mon collège*

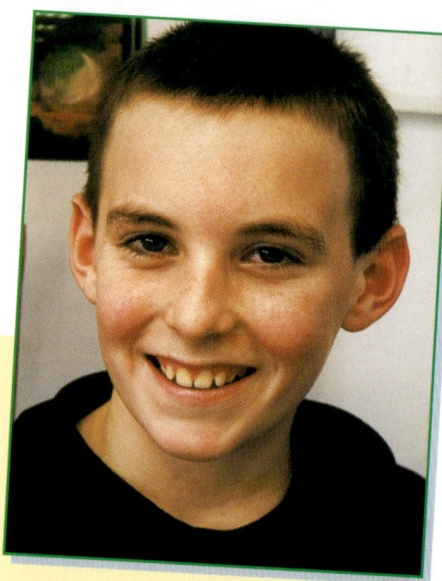

 **1** Lis la lettre et dessine l'emploi du temps de Mathieu.

Je fréquente le collège Jules Verne. Le matin, j'arrive au collège à huit heures moins cinq et les cours commencent à huit heures. Le lundi, j'ai un cours de maths et un cours d'histoire-géo avant la récré. La récré dure de dix heures à dix heures et quart.

Après la récré, j'ai un cours de français, et un cours d'anglais qui finit à midi et quart. Je mange à la cantine avec mes copains.

L'après-midi, les cours recommencent à deux heures. J'ai deux heures de sciences. Puis j'ai un cours d'espagnol.

Je n'ai pas de cours le mercredi. Je fais mes devoirs et je fais du sport, mais j'ai trois cours le samedi matin.

Ma matière préférée, c'est les maths, et j'aime aussi le sport et la technologie.

Que fais-tu le lundi? As-tu cours le mercredi et le samedi? Quelle est ta matière préférée? Comment trouves-tu la technologie?

Mathieu

 2 Comment trouve-t-il les matières? Écoute et note. (1–7)

Exemple: 1 ✓

1   **2**   **3**   **4**

5   **6**   **7**

 3 Que fais-tu au collège le lundi? Écris une lettre à Mathieu.

Exemple: *Cher Mathieu,*
Je fréquente le collège …
Le matin …

> *Mon collège s'appelle le collège …*
> *Le matin, j'arrive au collège à … heures.*
> *Le lundi, nous commençons par …*
> *Après …, j'ai un cours de … et un cours de …*
> *À midi, je mange …*
> *L'après-midi, j'ai un cours de … et de …*
> *Les cours finissent à … heures.*

 **4** Prépare une présentation: 'Le lundi'. Enregistre-la pour Mathieu.
Prepare a talk: 'Mondays'.
Record it for Mathieu.

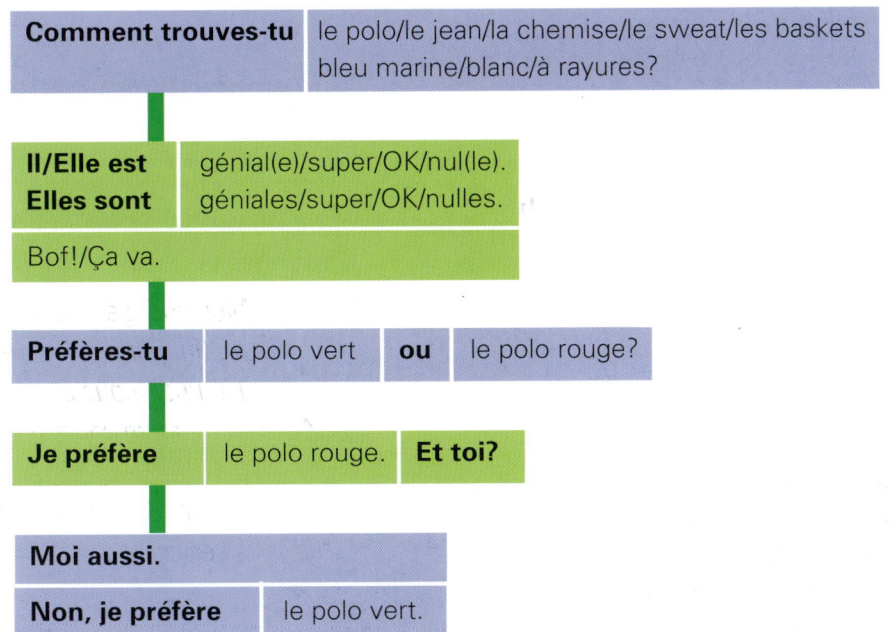

MODE!

PARLER

5 À deux. Comment trouvez-vous les vêtements?

Comment trouves-tu	le polo/le jean/la chemise/le sweat/les baskets bleu marine/blanc/à rayures?

Il/Elle est	génial(e)/super/OK/nul(le).
Elles sont	géniales/super/OK/nulles.

Bof!/Ça va.

Préfères-tu	le polo vert	**ou**	le polo rouge?

Je préfère	le polo rouge.	**Et toi?**

Moi aussi.

Non, je préfère	le polo vert.

Mots

Les matières	*School subjects*
l'anglais	*English*
les arts dramatiques	*drama*
le dessin	*art*
l'EPS (l'éducation physique et sportive)	*sport*
l'espagnol	*Spanish*
le français	*French*
l'histoire-géo	*history and geography*
l'informatique	*information technology*
les maths	*maths*
la musique	*music*
les sciences	*(combined) science*
le sport	*sport*
la technologie	*technology*

C'est comment?	*What's it like?*
Aimes-tu …?	*Do you like …?*
C'est …	*It's …*
ennuyeux	*boring*
génial	*great*
intéressant	*interesting*
nul	*rubbish*
OK	*OK*
super	*fantastic*
Bof!	*It's not bad/It's so-so.*
Ça va.	*It's OK.*
Quelle est ta matière préférée?	*What's your favourite subject?*
Ma matière préférée, c'est …	*My favourite subject is …*
J'adore …	*I love …*
J'aime …	*I like …*
Je déteste …	*I hate …*
Je préfère …	*I prefer …*

Quelle heure est-il?	*What time is it?*
Il est une heure.	*It's one o'clock.*
Il est huit heures.	*It's eight o'clock.*
Il est huit heures cinq/dix.	*It's five/ten past eight.*
Il est huit heures et quart.	*It's quarter past eight.*
Il est huit heures et demie.	*It's half past eight.*
Il est neuf heures moins vingt-cinq/vingt.	*It's twenty-five/ twenty to nine.*
Il est neuf heures moins le quart.	*It's quarter to nine.*
Il est neuf heures.	*It's nine o'clock.*
Il est midi/minuit.	*It's midday/midnight.*

Au collège	*At school*
Le collège s'appelle ….	*The school is called …*
Les cours commencent/ finissent à …	*Lessons begin/end at …*
Pardon, monsieur/ madame …	*Excuse me, sir/ miss …*
Je ne comprends pas 'les cours'.	*I don't understand 'les cours'.*
Qu'est-ce que c'est en anglais?	*What is it in English?*

Mon emploi du temps	*My timetable*
J'ai …	*I have …*
Il/Elle a …	*He/She has …*
C'est en quelle salle?	*Which room is it in?*
C'est en salle 5/au labo/sur le terrain de sport.	*It's in room 5/in the lab/on the sports field.*
le labo(ratoire)	*the lab(oratory)*
(dans) la salle de gym(nastique)	*(in) the gym(nasium)*

Le cours de maths commence à …	The maths lesson begins at …	Qu'est-ce que tu portes?	What are you wearing?
Nous avons …	We have …	Je porte …	I'm wearing …
Nous commençons par …	We begin with …	Il/Elle porte …	He's/She's wearing …
Il y a un cours de …	There's a … lesson	des baskets	trainers
		un blouson	a jacket
après	afterwards	des chaussettes	socks
ensuite	next	des chaussures	shoes
finalement	finally	une chemise	a shirt
puis	then	un chemisier	a blouse
		un collant	(a pair of) tights
aujourd'hui	today	une cravate	a tie
le matin	(in) the morning	un jean	(a pair of) jeans
l'après-midi	(in) the afternoon	une jupe	a skirt
le soir	(in) the evening	un pantalon	(a pair of) trousers
la récré	break	un polo	a polo/sports shirt
		un pull	a pullover

Les professeurs — *The teachers*

monsieur/M.	Mr	une robe	a dress
Madame/Mme	Mrs	un sweat	a sweatshirt
Il/Elle est prof de …	He's/She's the … teacher.	un tee-shirt	a T-shirt
		des tennis	tennis/gym shoes
Je fais … avec M./Mme …	I'm doing … with Mr/Mrs …	une veste	a blazer/jacket

Une journée au collège — *A school day*

Les couleurs — *Colours*

Que fais-tu?	What do you do?	beige/beige/beiges/beiges	beige
J'arrive au collège.	I arrive at school.	blanc/blanche/blancs/blanches	white
Je parle avec mes copains/copines.	I talk to my friends.	bleu/bleue/bleus/bleues	blue
J'écoute le professeur.	I listen to the teacher.	gris/grise/gris/grises	grey
Je travaille à l'ordinateur.	I work on the computer.	jaune/jaune/jaunes/jaunes	yellow
Je mange à la cantine.	I eat in the canteen.	noir/noire/noirs/noires	black
Je joue avec mes copains/copines.	I play with my friends.	rouge/rouge/rouges/rouges	red
J'écris dans mon cahier.	I write in my exercise book.	vert/verte/verts/vertes	green
		marron	brown
Je lis mon livre.	I read my textbook.	orange	orange
		bleu clair	light blue
		bleu marine	navy blue
		vert foncé	dark green
		vert olive	olive green
		rouge bordeaux	burgundy/maroon
		à rayures/à carreaux	striped/checked

1 Les sports

Talking about sport and saying what you like and don't like

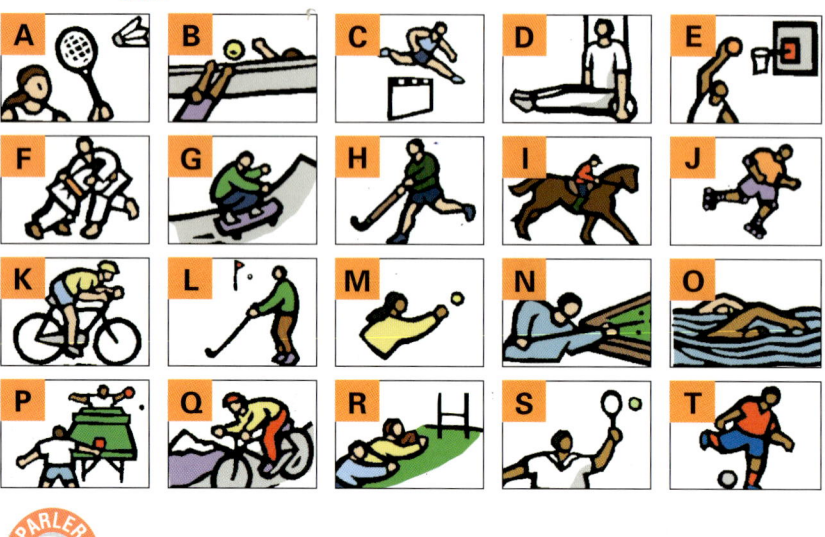

l'athlétisme	le judo
le badminton	la natation
le basket-ball	le ping-pong
le cyclisme	le roller
l'équitation	le rugby
le football	le skate
le golf	le snooker
la gymnastique	le tennis
le handball	le volley-ball
le hockey	le VTT

1a À deux. C'est quel sport?
Which sport is it?

- 'A', c'est le badminton.
- D'accord. 'B', c'est le basket-ball.
- Non, 'B', c'est le volley-ball.

1b Écoute et vérifie. (1–20)

1c Quel est leur sport préféré? Écoute et trouve. (1–10)

2 C'est pour quel sport? Fais la liste.

Exemple: 'A', c'est pour le football.

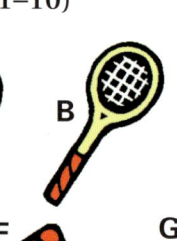
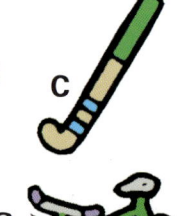

3a Aiment-ils le football? Comment trouvent-ils le tennis?
Écoute et trouve. (1–8)
Do they like football? What do they think of tennis?

Exemple: **1** *football* ♥, *tennis* ♥

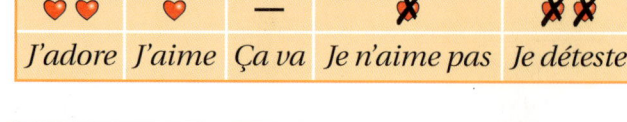

♥♥	♥	—	✗	✗✗
J'adore	*J'aime*	*Ça va*	*Je n'aime pas*	*Je déteste*

3b À deux, à tour de rôle. Que disent-ils?

- Le numéro un: 'J'adore le roller'.
- Le numéro deux: 'Je déteste …'

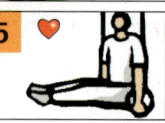

4a Copie et remplis la grille.

> Je fais beaucoup de sport. Ce que j'adore, c'est le foot. J'aime aussi le rugby. Le hockey, bof, ça va, mais je déteste la natation.
>
> **Lucille**

> Je fais beaucoup de cyclisme. C'est mon sport préféré. J'aime aussi faire de la natation. Je joue au badminton et au tennis, c'est OK, mais je n'aime pas les sports d'équipe comme le foot et le rugby.
>
> **Olivier**

> Je n'aime pas le sport au collège. Je déteste le foot et je n'aime pas la gymnastique. Mon sport préféré, c'est le roller. J'aime aussi jouer au snooker. Au club des jeunes, je joue au ping-pong, ça va aussi.
>
> **Sandrine**

> **Jean-Pierre**
>
> Moi, je déteste le foot. J'adore les chevaux, l'équitation, c'est mon sport préféré. J'aime aussi le tennis, et le hockey, bof, c'est OK.

> Mon sport préféré, c'est le basket. J'adore le basket. J'aime aussi le foot, mais je n'aime pas le tennis et je déteste l'athlétisme. Est-ce que tu aimes le foot? Quels sports aimes-tu, et qu'est-ce que tu n'aimes pas?
>
> **Marc**

> **Patrice**

> J'aime le basket, j'adore le foot, je joue au tennis mais je ne l'aime pas et ce que je déteste, c'est l'équitation.

	♥♥	♥	—	✗	✗✗
Lucille	le foot				
Olivier					
Patrice					
Jean-Pierre					
Sandrine					
Marc					
Et toi?					

 4b Que dit Sébastien?

Exemple: **1** J'adore le VTT, …

 **1** ♥♥ 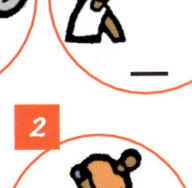 **2** —  **3** ✗  **4** ✗✗

 4c Et que dit Mélissa?

 **1** ♥♥  **2** ♥  **3** —  **4** ✗✗

4d Écris une réponse aux questions de Marc.

Exemple: J'adore … et j'aime … …., ça va. Je n'aime pas … et je déteste …

2 Que fais-tu?

Saying what sports you do in your free time

B au hockey

A au tennis

Je joue …

C au foot(ball)

D au basket(ball)

E au badminton

F au volley(ball)

G du cyclisme

H de la natation

I du judo

K de la danse

Je fais …

J de l'équitation

L de la gymnastique

M du ski

N de l'athlétisme

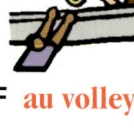
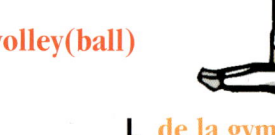

ÉCOUTER 1 Écoute et note les bonnes lettres. (1–8)   *Exemple:* 1B, …

PARLER 2a Que disent-ils?

Exemple: **1** *Je joue …* **2** *Je fais …*

PARLER 2b Et toi?
Tu fais quelles activités?
Tu joues à quels sports?

ÉCOUTER 3a Que font-ils? Combien de fois par semaine?
Copie les noms. Écoute et note.
What do they do? How many times a week?

Exemple: Luc – danse, 2×

Une fois/Deux fois/	Once/Twice/
Trois fois par semaine	Three times a week
Tous les jours	Every day

Luc	Isabelle	Katia	Robert	Hassan	Suzanne

joue au foot/au tennis/au basket
fait du cyclisme/de la danse/de l'équitation

1×	2×	3×	4×	5×	6×	7×	par semaine

PARLER 3b À deux, à tour de rôle. Que font-ils?

● Que fait Isabelle?
● Elle joue au foot trois fois par semaine.
Que fait Luc?

4a Que disent-ils?

Exemple: **1** *Je joue …* **2** *Je ne joue pas …*

4b Que disent-ils?

Exemple: **1** *Je fais …* **2** *Je ne fais pas de …*

Le détective

To say you don't do something, you use
ne … pas.
Notice how **du, de la, de l'** *and* **des** *all become* **de/d'**:

Elle fait **du** judo. ➡ Elle ne fait pas **de** judo.
Il fait **de** l'équitation.
➡ Il ne fait pas **d'**équitation.

Pour en savoir plus ➡ page 129

5a Lis les textes. Cherche les mots inconnus dans le vocabulaire.

*Je fais beaucoup de sports.
Le mercredi, je vais au centre
de loisirs. Le matin, je fais
de la danse et de la
gymnastique, et l'après-midi,
je joue au hockey. Le
dimanche, je fais de
l'équitation avec mes parents.
Céline*

Mon sport préféré, c'est le
cyclisme: je m'entraîne le
mercredi et le dimanche.
Je joue au foot le samedi
après-midi. Je ne joue pas
au hockey.
Marianne

*Je fais du judo tous les
jours. Le mercredi, je
joue au basket au centre
de loisirs et le dimanche,
je joue au foot avec mes
copains.
Solange*

*Je fais de la natation. Je
m'entraîne le samedi et le
mercredi et je fais du jogging tous
les jours. Je ne joue pas au foot.
Ludo*

Je suis très sportif. Je joue
au foot le mercredi, le samedi
et le dimanche, et je fais de
la natation le jeudi soir.
Jean-Philippe

5b Quelles activités pratiquent-ils chaque jour? Et toi? Copie et remplis la grille.
What activities do they do on each day? And you?

	lundi	mardi	mercredi	jeudi	vendredi	samedi	dimanche
Céline			danse, gym, hockey				équitation
Ludo							
Marianne							

5c Fais un résumé.

Exemple: Le lundi: Céline ne fait pas de sport, Ludo fait du jogging, …
Le mardi: …

3 Qu'est-ce que tu aimes faire?

Talking about other free-time activities

A *faire du sport*

B *faire du bricolage*

J'aime …

C *faire des courses*

D *faire du vélo*

E *aller en ville*

F *aller au cinéma*

J'aime …

G *aller au McDo*

H *aller à la pêche*

I *jouer à l'ordinateur*

J *écouter de la musique*

J'aime …

K *regarder la télé*

L *lire des livres*

 **1a** C'est quel symbole? Écoute et trouve. (1–12)

 **1b** À deux. Jeu de cartes.

 **2a** Fais la liste de cinq activités que tu aimes faire.
List five activities you like doing.

Exemple: J'aime aller en ville.

 2b À deux, à tour de rôle. Interviewe ton/ta partenaire et note ses réponses.

Exemple: Il/Elle aime …
Il/Elle n'aime pas …

- Aimes-tu (aller en ville)?
- Oui, j'aime (aller en ville).
- Aimes-tu (faire du vélo)?
- Non, je n'aime pas (faire de vélo).

 3a Qu'est-ce qu'ils aiment faire? Copie les noms, écoute et trouve.

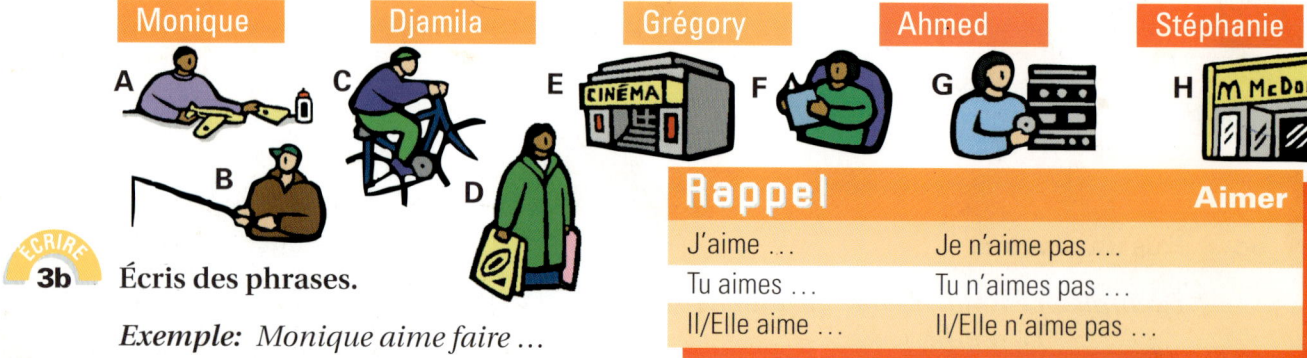

Monique | Djamila | Grégory | Ahmed | Stéphanie

3b Écris des phrases.

Exemple: Monique aime faire …

Rappel — **Aimer**

J'aime …	Je n'aime pas …
Tu aimes …	Tu n'aimes pas …
Il/Elle aime …	Il/Elle n'aime pas …

3c **Choisis un(e) corres pour Monique, Djamila et les autres.**
Choose a penfriend for Monique, Djamila and the others.

> une BD (bande dessinée) — comic

Moi, pendant mon temps libre j'aime faire du bricolage et j'aime écouter de la musique.
David

Le samedi, j'aime aller en ville, faire des courses et manger au McDo. Le soir, je regarde la télé ou je joue à l'ordinateur.
Véronique

J'aime lire des BD et aller au cinéma. Mes films préférés sont les films sci-fi.
Nathalie

J'aime écouter de la musique et lire des BD. Je n'aime pas faire de sport.
Jacques

J'aime jouer au tennis et au volley, et je fais du vélo. Que fais-tu?
Khaled

J'aime écouter de la musique et regarder la télé, et j'aime aussi aller à la pêche et faire du vélo.
Jacinthe

PARLER

4a **À deux, à tour de rôle.**
Choisis une personne et réponds aux questions de ton/ta partenaire.

◆ Comment tu t'appelles?
◆ Quel âge as-tu?
◆ Quels sports fais-tu?
◆ Qu'est-ce que tu aimes faire pendant ton temps libre?

Prénom: Stéphanie
Âge: 11 ans
Sports: tennis
Loisirs: écouter de la musique, lire

Prénom: Nadège
Âge: 12 ans
Sports: hockey, natation
Loisirs: bricolage, TV

Prénom: Fabien
Âge: 11 ans
Sports: vélo, basket
Loisirs: vidéos, ordinateur

Prénom: Éric
Âge: 12 ans
Sports: rugby, volley
Loisirs: ville, cinéma

ÉCRIRE

4b **Tu cherches un(e) corres. Copie et complète la fiche pour toi.**

Prénom:

Âge:

Sports:

Loisirs:

Mini-test	**I can …**
● name five sports and say which I do and don't do	
● talk about my hobbies	
● say what I like and don't like doing	
● ask someone what they like doing …	
● … and report back	

4 Le week-end

Talking about what you do at the weekend

1a Qui est-ce? Cherche les mots inconnus dans le vocabulaire.

C

A

B

D

Benjamin

Le samedi après-midi, je vais en ville avec mes copains. Je fais les magasins et je mange au McDo. Le soir, j'écoute de la musique et je regarde la télé ou je joue à l'ordinateur. Le dimanche, je fais une balade à vélo ou je sors avec mes copains.

Sophie

Le samedi après-midi, je joue au tennis avec ma copine. Le soir, je lis des BD ou je regarde la télé. Le dimanche, je vais au restaurant avec mes parents et quand je rentre, je fais mes devoirs.

Samuel

Après le collège, je joue au foot avec mes copains. Après le foot, je vais au club des jeunes et je joue au ping-pong. Puis, je mange au McDo avec ma copine et je vais à la piscine ou au cinéma avec elle. Le dimanche, je ne fais rien – je dors!

Chantal

Le samedi après-midi, je fais de la danse. Après le cours de danse, je vais en ville et je mange avec mes copains. Je fais les magasins et le soir, je regarde un film à la télé ou je lis des BD. Le dimanche, je vais chez ma grand-mère et je sors le chien. Le soir, je fais mes devoirs!

1b Cherche des phrases équivalentes dans les textes.

Exemple: **1** *avec ma copine*

1 avec mon amie
2 une leçon de danse
3 je fais de la natation

4 je fais des courses
5 je fais une promenade avec le chien
6 je mange au fast-food

1c Qui parle? Écoute et note.

2a À deux, à tour de rôle. Que font-ils?

● Que fait Isabelle?
● Elle écoute de la musique. Que fait … ?

Isabelle *écoute*	Sébastien *fait*	Magali *joue*	Céline *lit*	Ludo *regarde*	François *va*

2b Fais un résumé.

Exemple: Isabelle écoute de la musique.
Sébastien …

3a Interviewe ton/ta partenaire. Prépare six questions et note les réponses.

◆ Écoutes-tu (de la musique)?
◆ Regardes-tu (la télé)?
◆ Joues-tu (à l'ordinateur)?
◆ Fais-tu (du skate)?
◆ Lis-tu (les livres de Stephen King)?
◆ Vas-tu (au cinéma)?

3b Annonce les réponses.

Exemple: Carl/Sandra écoute …
Il/Elle ne regarde pas …

Le détective

These verbs don't end in -**er**. They follow a different pattern:

lire	**sortir**
je lis	je sors
tu lis	tu sors
il/elle lit	il/elle sort

Aller *does end in* -**er**, *but it is irregular:*

je vais
tu vas
il/elle va

Pour en savoir plus ➡ pages 128, 132

5 Que fais-tu quand il pleut?

Talking about the weather

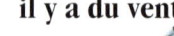
il y a du vent

il fait chaud

il fait froid

il y a du soleil

il pleut

il neige

il y a du brouillard

il y a des orages

1a À deux. Jeu de cartes.

1b Quel temps fait-il chaque jour? Écoute et note.
What's the weather like each day?

lundi	mardi	mercredi	jeudi	vendredi	samedi	dimanche

A　**B**　**C**　**D**　**E**　**F**　**G**　**H**

1c Lis la météo. Trouve les bons symboles pour chaque région.
Read the weather report. Find the right symbols for each region.

En France, il y a des orages dans le nord. Dans le sud, il fait chaud et il y a du soleil. Dans les Alpes, il fait froid et il neige. Dans l'ouest, il y a du brouillard. Dans le centre, il pleut.

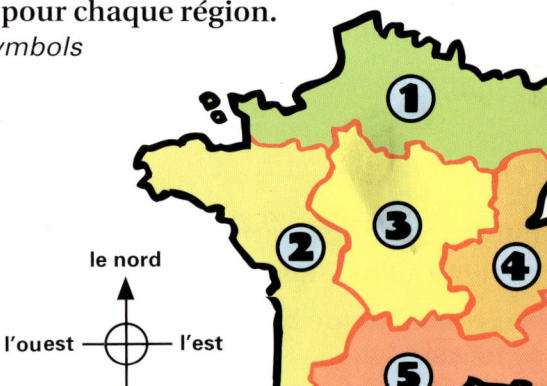

le nord

l'ouest — l'est

le sud

2a Quel temps fait-il? Copie, écoute et note.

Irlande　Angleterre　pays de Galles　Écosse　France　Espagne

2b À deux, à tour de rôle. Fais la météo.
Give the weather report.

2c Écris la météo.

- En Irlande, il …
- En Angleterre, …

3 Que pensent-ils du temps?
Écoute Magali et Ludovic et note.
What do they think of the weather?

Exemple: Magali – 1 ✗✗

✔✔	—	✗✗
C'est super!	C'est pas mal.	C'est nul!
C'est génial!	Bof!	C'est affreux!

1  2  3  4  5  6  7

4a Que font-ils quand il pleut? Écoute et note.

Magali   Ludovic   Jean   Patricia   Brigitte   Alain

Je reste à la maison

A  B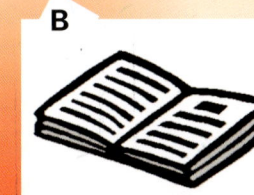

C D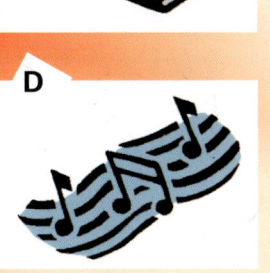

Je sors

E  F

G  H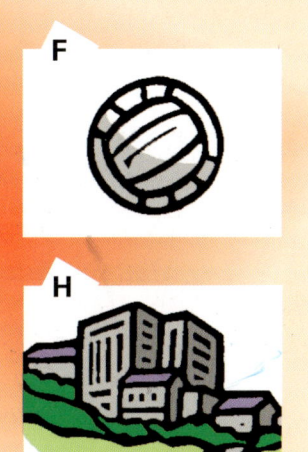

4b Et toi? Copie et complète.
Quand il pleut, je … et je …

rester:	to stay:
je reste à la maison	I stay at home
sortir:	to go out:
je sors	I go out

4c Interviewe trois personnes et note les réponses.

- Que fais-tu quand il pleut?
- Je sors/Je reste à la maison.
- Que fais-tu quand tu sors/restes à la maison?
- Je fais/joue/regarde …

4d Fais le résumé des résultats.
Summarise the results.

Exemple: (Darren) reste … . Il fait …
(Rachel) sort. Elle regarde …

Bilan et Contrôle révision

I can …
- *name five sports*

  l'athlétisme, le badminton, le basket-ball, le cyclisme, l'équitation

- *say what I think of them*

  J'adore le hockey et j'aime le rugby.
  Je n'aime pas le judo et je déteste le tennis.

- *say what sports I do in my free time …*

  Je fais de la natation/Je joue au ping-pong …

- *… and how often*

  … une fois par semaine/tous les jours.

- *say what I don't do*

  Je ne fais pas de skate.
  Je ne joue pas au volley-ball.

- *ask someone what they do*

  Joues-tu au golf? Fais-tu du roller?

- *say what someone else does*

  Marc joue au handball. Annie fait du VTT.

I can …
- *say what else I like doing …*

  J'aime aller au cinéma et lire des BD.

- *… and don't like doing*

  Je n'aime pas regarder la télé.

- *say what I do at the weekend*

  Le samedi soir, j'écoute de la musique.
  Le dimanche, je fais mes devoirs.

- *say what someone else does
  at the weekend*

  Le samedi, Caroline va en ville.

I can…
- *say what the weather is like …*

  Il fait froid et il y a du vent.

- *… and what I do when it rains*

  Quand il pleut, je reste à la maison et je joue à l'ordinateur.

1a Quels sports font-ils? Écoute et note. (1–5)

A B C

D E F

G H I J

1b Qu'est-ce qu'ils aiment ✓ et qu'est-ce qu'ils n'aiment pas ✗ faire? (1–5)

						autre
1						
2						
3						
4						
5						

2a Interviewe ton/ta partenaire. Prépare cinq questions.

Exemple: *Aimes-tu jouer/faire/aller …?*

2b Annonce les réponses de ton/ta partenaire.

Exemple: *John/Emma aime …*

3 Que fait Zahia chaque jour? Lis et note.

lundi
_____
mardi
_____
mercredi
_____
jeudi
_____
vendredi
_____
samedi
_____
dimanche

A B

C D

E F

G

Je suis sportive. J'adore le sport. Je fais du jogging le mardi et le jeudi. Le mercredi, je joue au basket au club de sport. Je vais à la piscine le lundi soir. Le vendredi, je vais au club des jeunes et je joue au ping-pong avec mon copain. Le samedi, je fais de l'équitation avec mes parents. Le dimanche, je reste à la maison – je lis un livre et je regarde la télé. Que fais-tu après le collège?
Zahia

4 Réponds à la question de Zahia.

Exemple: *Le lundi, je fais mes devoirs et j'écoute de la musique …*

EN PLUS *Champion de sport*

Je suis sportif. Je fais de la plongée de compétition. Je suis le champion régional de plongée des moins de treize ans. Je fais du jogging tous les jours et je fais de l'entraînement à la piscine trois fois par semaine. Il y a un grand concours à Paris samedi prochain.

Le mercredi, je fais du sport toute la journée. Le matin, je vais au centre de loisirs à dix heures et je fais un cours de tai-chi. Après le cours de tai-chi, je fais une heure de trampoline. C'est super! Puis je vais en ville avec mes copains et je mange au Quick. A quinze heures, je vais à la piscine où je fais une heure de natation et une heure de plongée. Le soir, je suis très fatigué et je vais au lit à neuf heures.

Quand je ne fais pas de sport, je joue à l'ordinateur, je lis des magazines ou je joue au foot avec mes copains. Le soir, je regarde la télé ou j'écoute de la musique. Mon groupe préféré, c'est Daisy Chainsaw.

 1a Look at what Thomas has written. Can you work out what these words and phrases mean? Which words do you need to look up?

la plongée de compétition
le jogging · l'entraînement
un concours · toute la journée
après · le trampoline
fatigué · je vais au lit

 What can you do when you don't know the meaning of a word?

◆ *You can work out the meaning if it is like an English word. What does* jogging *mean?*

◆ *You can work it out from the context. What does* entraînement *mean?*

◆ *You can work it out if the word is like one you have already learnt. What does* journée *mean?*

◆ *You can ask a friend:* 'Samedi prochain', qu'est-ce que c'est en anglais?

◆ *You can ask a teacher:* Pardon monsieur/madame, 'la plongée', qu'est-ce que c'est en anglais?

◆ *If there are pictures, you can use them to help you work out the meaning.*

◆ *Or you can look the word up in a dictionary.*

1b Vrai ou faux?

1 Thomas n'aime pas le sport.
2 Il fait des compétitions.
3 Il a treize ans.
4 Il fait beaucoup d'entraînement.
5 Il va à Paris pour faire des courses.
6 Il ne mange pas au fast-food.
7 Il aime lire.
8 Il n'aime pas jouer au foot.

ÉCOUTER

2 Que fait Natacha? Écoute et note les activités mentionnées.

LIRE

3a Lis le poème de Natacha et note ce qu'elle aime faire.
Cherche les mots inconnus dans le dictionnaire.
Read Natacha's poem and note down what she likes doing.

PARLER

3b À deux. Qu'est-ce qu'elle fait?

- 🔴 Qu'est-ce qu'elle fait quand il pleut?
- ⚫ Quand il pleut, elle met … et va …

ÉCRIRE

3c Complète les questions et les réponses de Natacha.

Que fais-tu quand ?

Je reste à la maison et je …

Que fais-tu quand  ?

Je sors …

Et quand ?

Je reste à la maison, …

Et quand ?

Je mets mes bottes et je …

ÉCRIRE

3d Écris tes réponses aux questions.

Quand il y a du soleil, j'adore ça. Je sors avec mes copines et joue au tennis et au volley.

Quand il pleut, j'aime ça. Je mets mes bottes de caoutchouc et vais à la pêche.

Quand il y a du vent, j'aime ça. Je fais de longues promenades avec le chien.

Quand il y a du brouillard, je déteste ça. Je reste à la maison et j'écoute de la musique.

Quand il fait froid, j'aime ça. Je reste à la maison et je joue à l'ordinateur. J'ai beaucoup de jeux.

Quand il neige, j'adore ça. Je joue avec mes copines dans la neige. On fait un bonhomme de neige et des boules de neige.

Mots

Les sports	Sport
l'athlétisme	athletics
le badminton	badminton
le basket-ball	basketball
le cyclisme	cycling
l'équitation	horse riding
le football	football
le golf	golf
la gymnastique	gymnastics
le handball	handball
le hockey	hockey
le judo	judo
la natation	swimming
le ping-pong	ping-pong
le roller	rollerblading
le rugby	rugby
le skate	skateboarding
le snooker	snooker
le tennis	tennis
le volley-ball	volleyball
le VTT	mountain biking

Mon opinion	My opinion
Comment trouves-tu …?	What do you think of …?
J'adore …	I love …
J'aime …	I like …
Bof!	It's OK/so-so.
Je n'aime pas …	I don't like …
Je déteste …	I hate …

Que fais-tu?	What do you do?
Je joue au …	I play …
Je ne joue pas au …	I don't play …
au badminton	badminton
au basket(-ball)	basketball
au foot(ball)	football
au hockey	hockey
au tennis	tennis

au volley(-ball)	volleyball
Je fais du judo.	I do judo.
Je fais du ski/du vélo.	I go skiing/cycling.
Je fais de l'athlétisme/ de la gymnastique.	I do athletics/ gymnastics.
Je fais de l'équitation/ de la planche à voile.	I go horse riding/ windsurfing.
Je ne fais pas de gymnastique/judo.	I don't do gymnastics/ judo.

Combien de fois par semaine?	How many times a week?
une fois par semaine	once a week
deux fois	twice
trois fois	three times
tous les jours	every day

Qu'est-ce que tu aimes faire?	What do you like doing?
Est-ce que tu aimes …?	Do you like …?
J'aime …	I like …
Je préfère …	I prefer …
Je n'aime pas …	I don't like …
Il/Elle n'aime pas …	He/She doesn't like …
aller à la pêche	going fishing
aller au cinéma	going to the cinema
aller au McDo	going to McDonald's
aller en ville	going into town
écouter de la musique	listening to music
faire des courses	going shopping
faire du bricolage	model-making
faire du sport	doing sport
faire du vélo	cycling
jouer à l'ordinateur	playing on the computer
lire des livres	reading books
regarder la télé	watching TV

Le week-end — *The weekend*

je dors	*I sleep*
j'écoute	*I listen*
je fais	*I do*
je joue	*I play*
je mange	*I eat*
je regarde	*I watch*
je rentre	*I return/go home*
Je reste à la maison.	*I stay at home.*
je sors	*I go out*
Je ne fais rien.	*I don't do anything.*

Vas-tu …?	*Do you go …?*
je vais	*I go*
tu vas	*you go*
il/elle va	*he/she goes*

après	*after*
avec	*with*
et	*and*
ou	*or*
où?	*where?*
quand?	*when?*
sur	*on*

le matin	*(in) the morning*
l'après-midi	*(in) the afternoon*
le soir	*(in) the evening*
la nuit	*(at/the) night*

La météo — *The weather forecast*

Quel temps fait-il?	*What's the weather like?*
Il y a du brouillard.	*It's foggy.*
Il y a du soleil.	*It's sunny.*
Il y a du vent.	*It's windy.*
Il y a des orages.	*There are thunderstorms.*
Il pleut.	*It's raining.*
Il neige.	*It's snowing.*

Il fait chaud.	*It's hot.*
Il fait froid.	*It's cold.*

Où? — *Where?*

dans les Alpes	*in the Alps*
dans le centre	*in the centre*
dans l'est	*in the east*
dans le nord	*in the north*
dans l'ouest	*in the west*
dans le sud	*in the south*

1 *Nous habitons …*

Telling someone where you live

Nous habitons …

en ville

en banlieue

à la montagne

à la campagne

au bord de la mer

dans un village

 **1a** Écoute et répète. Attention à la prononciation.

 **1b** À deux. Qu'est-ce qu'ils disent?

- Le numéro un?
- Nous habitons … . Le numéro deux?

1   2   3   4   5   6

Le détective

Talking about yourself and someone else: 'we'

nous habitons	*we live*
nous avons	*we have*
notre/nos	*our*

Pour en savoir plus ➡ page 130

2a Vrai ou faux?

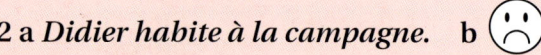

1 a *Céline habite en ville.*   b

2 a *Didier habite à la campagne.*   b 🙁

3 a *Guillaume habite au bord de la mer.*   b 🙂

4 a *Laurent habite en ville.*   b 🙂

2b À deux, à tour de rôle. Choisis une personne. Ton/Ta partenaire devine qui tu es.
Choose a person.
Your partner guesses who you are.

- Nous habitons (à la campagne).
- Tu aimes ça?
- Oui, j'aime ça.
- Tu es Laurent.

Nous habitons un petit appartement en ville. Il y a trop de pollution en ville. Je déteste la pollution.
Guillaume

Céline
Moi, j'habite à Paris. Nous habitons en banlieue. Nous avons un grand appartement. C'est génial.

Nous habitons à la campagne. Nous avons des animaux, des vaches et des moutons. J'aime habiter à la campagne, parce que j'aime les animaux.
Laurent

Didier
Nous habitons dans un petit village au bord de la mer. Nous avons une grande maison. C'est ennuyeux, parce que nous n'avons pas de cinéma dans le village.

2c Et toi?

- Nous habitons …
- Tu aimes ça?
- Oui/Non, …

 2d Écris un résumé.

Exemple:
Céline habite … . Elle aime ça. C'est génial.
Nous habitons … . J'aime/Je n'aime pas ça. …

 la gare

 les magasins

 le supermarché

 le collège

 l'église

 la poste

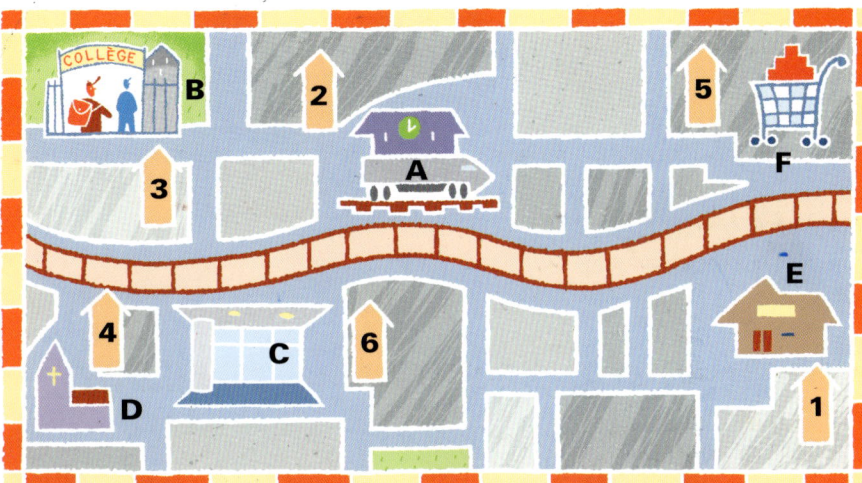

 3a Écoute et répète. Attention à la prononciation.

 **3b** À deux. Qu'est-ce que c'est?

- 'A', qu'est-ce que c'est?
- C'est la gare. 'B', qu'est-ce que c'est?

 3c Où habitent-ils?
Lis et trouve les maisons sur le plan.

Exemple: Guy 2

Nous habitons en ville, près de la gare.	**Guy**
Notre appartement est près du collège.	**Marie-Claude**
Notre maison est près du supermarché.	**Cati**
Notre maison est près de la poste.	**Paul**
Notre appartement est en ville, près des magasins.	**Jeanne**
Nous habitons près de l'église.	**Thomas**

4 À deux. Trouvez quelqu'un qui habite …
près du collège/près du cinéma/près du supermarché/près de l'église/près de la poste/près des magasins

- Qui habite près du collège?
- Jade habite près du collège./ Je ne sais pas.

Le détective

How to say 'near': **près de**

près de +	le = près du	près du cinéma
	la = près de la	près de la gare
	l' = près de l'	près de l'église
	les = près des	près des magasins

2 La maison

Talking about someone else's home

1a **Où habitent-ils?**
Where do they live?

A

B

C

D

E

La maison de Nicolas et ses parents est petite et moderne. Il y a une cave et un garage au sous-sol et un jardin autour de la maison.

Séverine et sa mère habitent un chalet à la montagne. La maison n'est pas grande. Il y a un grand balcon devant la maison et une cave au sous-sol.

Martine et ses parents habitent un appartement dans un grand immeuble. Ils habitent au troisième étage. L'appartement a un balcon, mais il n'y a pas de jardin. Il y a un garage au sous-sol.

Dimitri et ses parents habitent une petite maison au centre-ville. Il y a un garage, mais il n'y a pas de cave.

Pierre et son frère habitent une grande ferme à la campagne. La maison est très grande. Il y a un grand jardin avec beaucoup d'arbres fruitiers.

1b **Trouve les mots dans les textes.**

 1
 2
 3

Try to guess the meanings of the new words. Use the pictures as clues.
You can look up one word in the vocabulary.
Which word are you going to choose and why?

 4
 5
 6
 7
 8
 9
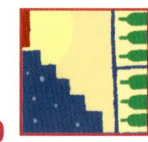 10

1c **Qui parle? Écoute et note.**

2a Où habitent-ils?
Copie et remplis
la grille.

					autres informations
Simone et Patricia					
Paul et Raoul					
Éric et Mélissa					
Aurélie et Laure					
Natacha et Benjamin					

2b Écris trois phrases sur chaque maison.

Exemple: Simone et Patricia habitent …
Elles ont … . Elles n'ont pas de …

Ils Elles	habitent	une grande/petite maison/ferme
		un grand/petit appartement/chalet/immeuble
	ont	un garage/balcon/jardin
		une cave
	n'ont pas de	garage/balcon/jardin/cave

3a Lis les petites annonces. C'est quelle maison?

 A
 B

1	**2**	**3**	**4**	**5**
Les chênes	**Au lion d'or**	**Les myrtilles**	**La véranda**	**Belle Vue**
ville	ville	campagne	ville	campagne
grande	grand	petite	petit	petite
maison	appartement	maison	appartement	maison
jardin	balcon	jardin	balcon	balcon
garage	jardin	cave	garage	jardin

 C
 D
 E

Le détective

Talking about more than one person: 'they'

ils habitent	they live
elles habitent	they live (if they are all feminine)
ils/elles ont	they have

Now look at the whole verb.

habiter, 'to live',
is a regular -er verb:

avoir, 'to have',
is irregular:

j'habite	j'ai
tu habites	tu as
il/elle habite	il/elle a
nous habitons	nous avons
vous habitez	vous avez
ils/elles habitent	ils/elles ont

Pour en savoir plus ➡ page 131

3b À deux, à tour de rôle. Choisis une maison. Ton/Ta partenaire devine.

- ● Où habites-tu?
- ● J'habite (une maison).
- ● C'est à la campagne ou en ville?
- ● C'est (à la campagne).
- ● C'est grand ou petit?
- ● C'est (petit).
- ● Il y a (un garage)?
- ● Non, il n'y a pas de garage.
- ● C'est …!

3 Le plan de ma maison

Describing the rooms in your house and saying where they are

M le jardin

H la chambre

L la salle de jeux

G la salle de bains

D le bureau

I la douche

F les w.c.

K le garage

H la chambre

C la cuisine

B le salon/la salle de séjour

A l'entrée

E la salle à manger

J la cave

ÉCOUTER

1a Écoute et répète.
Attention à la prononciation.

ÉCOUTER

1b Où sont-ils? Écoute et note. (1–8)
Where are they?

Exemple: **1** *la salle à manger*

PARLER

1c À deux.

● Le numéro un,
qu'est-ce que c'est?
● C'est l'entrée.
Le numéro deux?

1 2 3 4 5
6 7 8 9
10 11 12 13

ÉCOUTER

1d Où est le chien? Devine!

ÉCRIRE
2a Et chez Agnès? Copie et complète.

Chez nous au sous-sol, il y a 🚗 et ▪. Au rez-de-chaussée, il y a 🚪 📺 🪑 🛋 et 🚽. Au premier étage, nous avons 🛏, 🛁 et ▯. Ma 🛏 et 🚿 sont à la mansarde.

C'est comment chez toi?

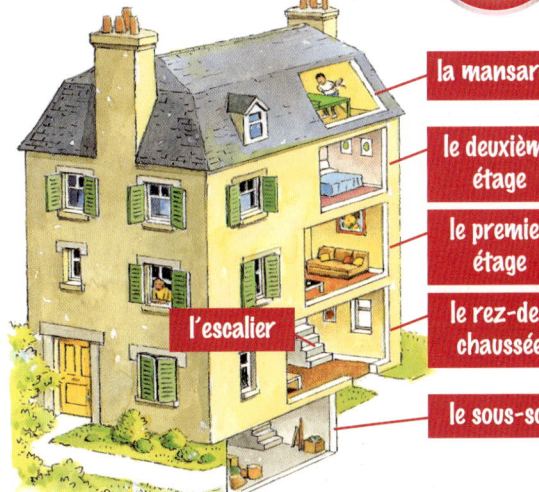

la mansarde
le deuxième étage
le premier étage
le rez-de-chaussée
le sous-sol
l'escalier

ÉCRIRE
2b Écris une lettre à Agnès.

LIRE
3 Lis les textes. C'est quelle maison?

A B C

D E F

Nous habitons une maison en ville. Au rez-de-chaussée, nous avons la cuisine, la salle de séjour, la salle à manger, les w.c. et le bureau de notre père. Au premier étage, nous avons la salle de bains et trois chambres. Il n'y a pas de douche. Au sous-sol, il y a le garage, la cave et la salle de jeux.   Pascal et Laurent

Au rez-de-chaussée, nous avons la cuisine avec coin manger, le salon et les w.c. Nous n'avons pas de salle à manger. Au premier étage, nous avons deux chambres et la salle de bains. Ma chambre est à la mansarde. Au sous-sol, il y a une salle de jeux avec une table de ping-pong.   Françoise et Dimitri

Nous habitons un grand immeuble. Notre appartement est au troisième étage et nous avons un grand balcon. Chez nous, il y a une cuisine, une salle à manger, une grande salle de séjour, une salle de bains et trois chambres. Il n'y a pas de jardin.   Fabien et Delphine

ÉCRIRE
4a Dessine le plan de ta maison et écris les noms des pièces en français.

PARLER
4b Prépare une description de ta maison et enregistre-la. Apprends-la par cœur!

Exemple: J'habite (une maison/un appartement).
Au rez-de-chaussée, nous avons …
Nous n'avons pas de …

Mini-test   **I can …**
- say what sort of house or flat I live in
- say where my house is and what it is near
- describe my house
- list the rooms in my house …
- … and say where they are

4 Chez moi

Saying what you usually do
Deciding what you are going to do this evening

On mange

On prend une douche

On prépare les repas

On fait sa toilette

On joue au ping-pong

On travaille

On lit des livres

On regarde la télé

On dort

 **PARLER**

1a À deux. Que fait-on dans …?
What does one do in …?

- ● Que fait-on dans la salle à manger?
- ● On mange. Que fait-on dans la salle de bains?

1	2	3	4
5	6	7	8

 **ÉCOUTER**

1b Écoute et vérifie.

 **ÉCRIRE**

2 Écris des phrases.

Le détective

To talk about what 'one' does or what 'you' usually do, you use **on**. The verb endings with **on** are the same as with **il** and **elle**.

préparer *to prepare*	**faire** *to do/make*
je prépare	je fais
tu prépares	tu fais
il/elle/on prépare	il/elle/on fait

prendre *to take*	**dormir** *to sleep*
je prends	je dors
tu prends	tu dors
il/elle/on pren**d**	il/elle/on dort

Pour en savoir plus ➡ page 131

1	2	3	4	5	6

3a **Qu'est-ce qu'on fait ce soir?**
Écoute et trouve. (1–5)
What shall we do this evening?

	Ils proposent …	Ils décident …
1	B, F	B, C
2		
3		
4		
5		

Le détective

On *is also sometimes used to translate 'we'.*

Qu'est-ce qu'on fait ce soir?
What shall we do this evening?

Pour en savoir plus ➡ page 131

jouer aux cartes	*to play cards*
jouer aux échecs	*to play chess*

A  B  C  D  E

F  G  H  I  J

3b **À deux, à tour de rôle.**

- Qu'est-ce qu'on fait ce soir?
- On …

 ?

- Non, je n'aime pas … .
- Bon, on …

 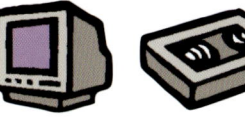   ?

- Oui, d'accord.

3c **Que fait-on, à quelle heure?**

Exemple: À sept heures, on prend une douche …

7:00	7:15	7:30	10:30	12:30	17:00	19:00	20:00	21:30
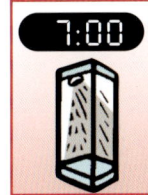								

5 *Dans ma chambre*

Talking about what you have in your room

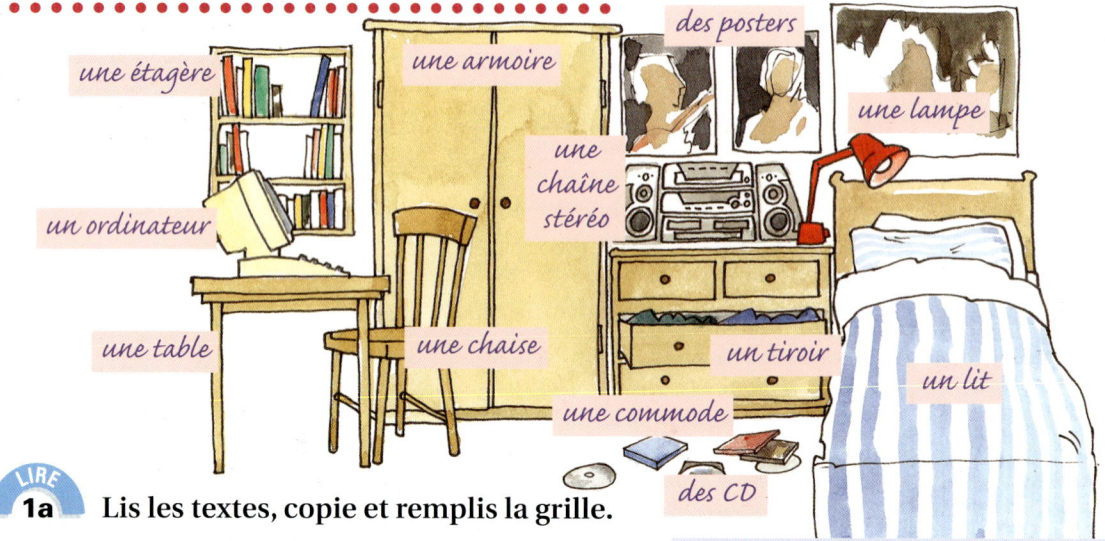

une étagère · une armoire · des posters · une lampe · une chaîne stéréo · un ordinateur · une table · une chaise · une commode · un tiroir · un lit · des CD

1a Lis les textes, copie et remplis la grille.

> Je partage ma chambre avec mon frère. Nous avons des lits superposés, une armoire, une commode pour nos vêtements, une table, une chaise et des posters sur les murs. **Sébastien**

> Dans ma chambre, j'ai un grand lit, une table, une chaise, une armoire pour mes vêtements et une commode. J'ai des posters sur les murs et une plante dans la fenêtre. Je n'ai pas d'ordinateur. **Noémi**

> Dans ma chambre, j'ai un lit, une table avec mon ordinateur où je fais mes devoirs, une chaise, une armoire près de la porte, une étagère et des CD. **Nadège**

la fenêtre	window
des lits superposés	bunk beds
le mur	wall
la porte	door

							autre
1							
2							

1b Copie et remplis la grille. (1–3)

2a Interviewe ton/ta partenaire et note ses réponses.

- 🔴 As-tu un lit dans ta chambre?
- ⚫ Oui. J'ai un lit.
- 🔴 As-tu une table?
- ⚫ Non, je n'ai pas de table.

2b Écris un résumé.

Exemple: *Dans sa chambre, James/Becky a … . Il/Elle n'a pas de …*
Dans ma chambre, j'ai … . Je n'ai pas de …

Où?

sous

sur

dans

par terre

3a Où sont-ils? Écoute et note.

Où est …?

1	2	3

Où sont …?

4	5	6

A	B	C	D	E	F

3b À deux. Vérifiez vos réponses.

- 🔴 Où est le chat?
- ⚫ Il est … . Où sont les souris?
- 🔴 Elles sont …

3c Écris des phrases.

Exemple: Le chat est sur la table.

Le **détective**

être *to be*

je suis	nous sommes
tu es	vous êtes
il/elle/on est	ils/elles sont

Pour en savoir plus ➡ page 132

4a Lis et dessine.

Mes livres sont sur la table, mon sac est sous la table, mon pull est sur la chaise, mon poster est sur la porte, mes tee-shirts sont sur le lit et mes crayons sont par terre.

Le chien est sous la table, le chat est sur la chaise, le sac est sur le lit, les crayons sont sur la table, le pull est par terre et les vêtements sont dans les tiroirs.

Monique est dans la maison. Son chat est dans le jardin, ses oiseaux sont dans l'arbre et sa souris est sous les plantes …

4b Dessine et décris la chambre de tes rêves.
Draw and describe your dream room.

Bilan et Contrôle révision

I can …
- *say where I/we live*

  J'habite à la campagne.
  Nous habitons en ville.

- *ask someone where they live …* Où habites-tu?
- *… and report back* Mark/Paula habite à la montagne.
- *say what I live near …* J'habite près de la gare.
- *… and what other people live near* Mark et Paula habitent près du collège.

I can …
- *name four types of house*

  une maison, un appartement, une ferme,
  un chalet

- *say what kind of house I live in* J'habite une grande maison.
- *say what there is and isn't in the house* Il y a un garage. Il n'y a pas de jardin.
- *list the rooms in the house* Chez nous, il y a le salon, la salle de séjour,
  la cuisine …
- *say what we have and haven't got* Nous avons trois chambres.
  Nous n'avons pas de douche.
- *say where the rooms are* Le bureau est au rez-de-chaussée.
  La salle de bains est au premier étage.

I can …
- *say what one does where in the house* On mange dans la salle à manger.
  On prépare les repas dans la cuisine.
- *make a suggestion* On joue aux échecs?

I can …
- *say what there is and isn't in my room*

  Dans ma chambre, il y a un lit, une armoire
  et une étagère.
  Il n'y a pas de chaîne stéréo.

- *ask someone if they have something* As-tu des posters?
- *say where things are* Les pulls sont sur le lit et le livre est
  par terre.

ÉCOUTER
1 Où habitent-ils? Écoute et note.

Simone	François	Odile	Luc

PARLER
2 Choisis un appartement et décris-le.

Exemple: C'est un petit/grand appartement.
Il y a … . Il n'y a pas de …

LIRE

3 Lis la lettre et trouve les mots qui indiquent …

Salut!
Nous habitons à la campagne. Notre maison est grande et moderne. Au sous-sol, nous avons un garage et une salle de jeux où on joue au ping-pong.
Au rez-de-chaussée, il y a l'entrée, la cuisine, les w.c., la salle à manger, la salle de séjour et le bureau de papa. Au premier étage, nous avons une salle de bains, une salle de douche et trois chambres.
Dans ma chambre, j'ai un lit, une table où je fais mes devoirs, un ordinateur et une chaîne stéréo.
C'est comment chez toi? Décris-moi ta maison et ta chambre.
Amitiés
Laurent

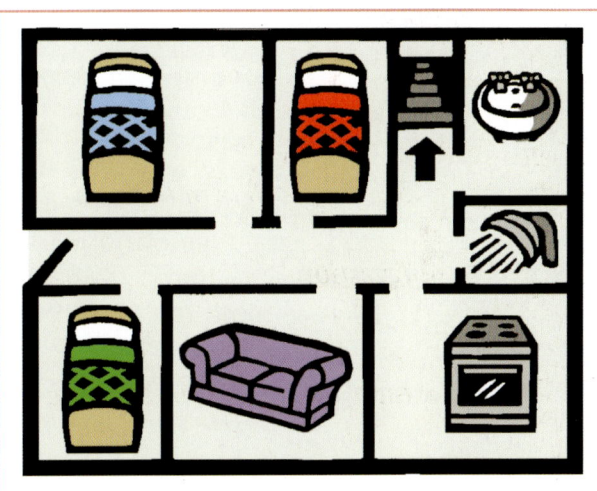

1 où Laurent habite.
2 quelle sorte de maison il habite.
3 où sont le garage et la salle de jeux.
4 où est la cuisine.
5 le nom de la pièce où on mange.
6 le nom de la pièce où on regarde la télé.
7 le nom de la pièce où son père travaille.
8 le nom de la pièce où on dort.

ÉCRIRE

4 Écris une lettre à Laurent. Décris ta maison et ta chambre.

EN PLUS *La chambre d'Alexia*

1a Lis le texte et note cinq mots inconnus.
Cherche-les dans le dictionnaire.

Nous habitons dans les Alpes. Notre maison est un chalet dans un village à la montagne. La maison est au centre du village, près de l'église et du supermarché. Pour aller au collège, je prends le train.

Dans la maison au sous-sol, nous avons le garage, une grande salle de jeux où on joue au billard, et la cave où on garde les skis, les VTT et les raquettes de tennis.

Au rez-de-chaussée, nous avons une grande cuisine où on mange (il n'y a pas de salle à manger), les w.c. et une grande salle de séjour avec balcon donnant au sud, avec une belle vue des montagnes. Au premier étage, il y a deux chambres et deux salles de bains: une chambre pour mes parents et une chambre pour mes deux frères, qui s'appellent Antoine et Ludovic. Ils ont une grande chambre et des lits superposés.

Ma chambre est au deuxième étage, à la mansarde. Les murs sont bleu pâle et la porte et la fenêtre sont blanches. J'ai un lit, une petite armoire blanche, une table et une chaise rouges et des étagères où je range mes livres et mes CD. J'ai une lampe sur la petite table près de mon lit et j'ai une plante sur la commode. Je collectionne les posters d'animaux. Mon poster préféré, c'est la photo d'un loup en montagne. Le soir, je fais mes devoirs dans ma chambre, je lis des magazines et j'écoute de la musique. J'aime bien ma chambre – c'est mon monde secret à moi!

Alexia

1b À deux. Posez et répondez aux questions à tour de rôle.

1 Où habite Alexia?
2 La maison est grande ou petite?
3 Il y a combien de pièces au rez-de-chaussée?
4 Il y a quelles pièces au premier étage?
5 Elle a des frères et sœurs?
6 Ils font quels sports?
7 Où est la chambre d'Alexia?
8 Qu'est-ce qu'elle aime faire le soir?
9 Où est-ce qu'elle fait ses devoirs?

Frappez avant d'entrer

1c Décris la chambre d'Alexia.   *Exemple: Dans sa chambre, elle a …*

MODULE 5

2a **Où habitent-ils? Trouve les photos de chaque personne.**

Find each person's photos.

Exemple: Christian: A, …

Christian

Jacques

Pauline

A

B

C

L

M

N

R

S

T

2b **À deux. Vérifiez vos réponses.**

● Où habite Christian?
● Il habite un chalet à la montagne, près du collège.
● D'accord./Non, c'est …

2c **Écris un résumé.**

Exemple: Christian habite un chalet à la montagne, près du …

Mots

Nous habitons … — *We live …*
à la campagne — *in the country*
à la montagne — *in the mountains*
au bord de la mer — *on the coast*
dans un village — *in a village*
en banlieue — *in the suburbs*
en ville — *in town*

un appartement — *a flat*
un chalet — *a chalet*
une ferme — *a farm*
un immeuble — *a block of flats*
une maison — *a house*

notre/nos — *our*
chez nous — *at home/at our house*

Qu'est-ce que c'est? — *What's this?*
C'est … — *It's …*
le collège — *the (secondary) school*
l'église — *the church*
la gare — *the station*
la poste — *the post office*
le supermarché — *the supermarket*
Ce sont … — *They're …*
les magasins — *the shops*

Ma maison — *My house*
au sous-sol — *in the basement*
au rez-de-chaussée — *on the ground floor*
au premier/deuxième/troisième étage — *on the 1st/2nd/3rd floor*
à la mansarde — *in the attic*

Il y a … — *There is/There are …*
Nous avons … — *We have …*
un balcon — *a balcony*
une cave — *a cellar*
un garage — *a garage*
un jardin — *a garden*

Il n'y a pas de … — *There isn't a/There aren't any …*
avec — *with*
beaucoup de — *lots of*
mais — *but*
très — *very*

Où? — *Where?*
dans — *in*
devant — *in front of*
autour de — *around*
près de — *near*

Les pièces — *The rooms*
le bureau — *the study*
la cave — *the cellar*
la chambre — *the bedroom*
la cuisine — *the kitchen*
la douche — *the shower*
l'entrée — *the entrance hall*
la salle à manger — *the dining room*
la salle de bains — *the bathroom*
la salle de jeux — *the games room*
le salon/la salle de séjour — *the sitting room/lounge*
l'escalier — *the staircase*
le garage — *the garage*
le jardin — *the garden*

Qu'est-ce qu'on fait dans …? — *What do you do in …?*
On dort. — *You sleep.*
On fait sa toilette. — *You get washed.*
On lit des livres. — *You read books.*
On mange. — *You eat.*
On prend une douche. — *You take a shower.*
On prépare les repas. — *You prepare meals.*
On travaille. — *You work.*

Qu'est-ce qu'on fait ce soir?

What are we going to do this evening?

On regarde la télé? — *Shall we watch TV?*

On joue aux cartes/ aux échecs? — *Shall we play cards/chess?*

On joue à l'ordinateur? — *Shall we play on the computer?*

On écoute de la musique? — *Shall we listen to music?*

On fait les devoirs? — *Shall we do our homework?*

On regarde la télé/ une vidéo? — *Shall we watch TV/a video?*

Dans ma chambre

In my room

As-tu un/une/des …? — *Have you got a/ some …*

Oui, j'ai un/une/ des … — *Yes, I've got a/ some …*

une armoire — *a wardrobe*

des CD — *some CDs*

une chaîne stéréo — *a stereo system*

une chaise — *a chair*

une commode — *a chest of drawers*

une étagère — *a bookcase*

une lampe — *a lamp*

un lit — *a bed*

des lits superposés — *bunk beds*

un ordinateur — *a computer*

des posters — *some posters*

une table — *a table*

Non, je n'ai pas de/d'…. — *No, I haven't got a/any …*

dans — *in*

par terre — *on the floor*

sous — *under*

sur — *on*

Verbes au pluriel

Plural verbs

nous habitons — *we live*

vous habitez — *you live*

ils/elles habitent — *they live*

nous avons — *we have*

vous avez — *you have*

ils/elles ont — *they have*

1 *Où vas-tu?*

Talking about where you are going to spend your holidays

Je vais …

au bord de la mer

à Paris

au Parc Disneyland

à la campagne

à la montagne

Je reste à la maison

1a À deux. Jeu de cartes.

1b Qui parle? Écoute et trouve.

vous

Vincent

Corinne

Didier

mon copain et moi

Aurélie et ses parents

toi

Le détective

aller	*to go*
je vais	*I am going*
tu vas	*you are going*
il/elle va	*he/she is going*
nous allons	*we are going*
vous allez	*you are going*
ils/elles vont	*they are going*

Pour en savoir plus ➡ page 132

1c Où vont-ils?
Where are they going?

Exemple: Vous allez …

2 Copie et complète.

Pendant les vacances, je … au bord de la mer avec mon copain Gilles. Nous … au Lavandou, sur la Côte d'Azur. Mon frère … à la montagne avec sa classe, ma sœur … à la campagne pour faire de l'équitation et mes parents … aux États-Unis.

3a Où vont-ils? Pour combien de temps? Écoute et note.

Exemple: Nadège — C, e

| Nadège | Philippe | Suzanne | Yannick | Paul | Jasmine |

va

| **A** dans les Pyrénées | **B** sur la Côte d'Azur | **C** en Bretagne |
| **D** dans les Alpes | **E** en Provence | **F** dans le Jura |

pour

| **a** un week-end | **b** une semaine | **c** dix jours |
| **d** deux semaines | **e** trois semaines | **f** un mois |

3b À deux.

- ● Où va (Nadège)?
- ● Elle va (en Bretagne).
- ● Pour combien de temps?
- ● Pour (trois semaines).

3c Et toi? À deux.

- ● Où vas-tu?
- ● Je vais …/Je reste …/Je ne sais pas.
- ● Pour combien de temps?
- ● Pour …

3d Fais un résumé.

Exemple:

Nadège va en Bretagne pour trois semaines.

Je …

4 Lis les textes. Où vont-ils? Qu'est-ce qu'ils en pensent? Copie et remplis la grille.

Prénom	Où?	✓ / ✗

Il y a beaucoup de moustiques et d'insectes à la campagne, je préfère rester à la maison. **Ludovic**

Normalement, il fait beau, et je nage tous les jours. J'adore la mer. Sandrine

Nous montons à la Tour Eiffel, la vue de la ville est magnifique. Oscar

J'aime le Thunderbird Mountain Railway et ma petite sœur adore le village de Pocahontas. Alain

C'est ennuyeux. Je regarde la télé et je lis des magazines, mais tous mes amis sont partis au bord de la mer. Jacqui

Nous faisons de longues promenades tous les jours. La vue des Alpes est magnifique, mais c'est très fatigant. Je préfère aller au bord de la mer. Delphine

2 Qu'est-ce que tu vas faire?

Saying what you are going to do during the holidays

Je vais …

A *faire des pique-niques*

B *faire une balade à vélo*

C *faire de la planche (à voile)*

D *faire du camping*

E *faire de la natation*

F *faire du cheval*

Je vais …

G *jouer au tennis*

H *jouer au volley(-ball)*

I *jouer aux cartes*

J *jouer à l'ordinateur*

K *jouer avec mes copains*

L *jouer au foot(ball)*

1a À deux.

- Qu'est-ce que tu vas faire?
- Je vais faire/jouer …
  Qu'est-ce que tu vas faire?

1b Qu'est-ce qu'ils vont faire?
Remplis la grille. (1–4)

1c Fais un résumé.

Exemple: *Auban va faire … et jouer … . Et moi, je vais …*

Le détective

The verb **aller**, 'to go', plus the infinitive is used to say what you are 'going' to do.
This is called the 'near future' tense.

Je vais jouer au tennis.	*I am going to play tennis.*
Tu vas jouer au foot.	*You are going to play football.*
Il/Elle/On va jouer au volley.	*He is/She is/We are going to play volleyball.*
Nous allons faire de la planche.	*We are going to go windsurfing.*
Vous allez faire du camping.	*You are going to go camping.*
Ils vont faire une balade à vélo.	*They are going to go for a bike ride.*

Pour en savoir plus ➡ **page 132**

2a **LIRE** Lis les textes et cherche les mots inconnus dans le vocabulaire.

Nous allons au bord de la mer et je vais faire de la natation et de la planche. Mes parents vont faire des balades à vélo, mais je ne vais pas les accompagner, parce que je n'aime pas faire de vélo.   Camille

Je vais à la campagne avec mes parents. Nous allons faire du camping. Je vais aller à la pêche, faire du cheval et jouer avec mes copains. Nous allons pique-niquer. Je ne vais pas faire de natation, parce que je n'aime pas l'eau froide! Boris

Nous allons dans les Alpes avec notre caravane et je vais faire de la montagne et nager dans le lac près du camping. Nous allons jouer au tennis et au volley avec des copains. Mon frère va jouer au foot, mais je n'aime pas le foot, je préfère le volley.   Sacha

On va au camping le Grand Bleu, sur la Côte d'Azur. Je vais faire de la natation et jouer au volley. Mes parents vont faire des pique-niques et de longues balades à vélo. Mon frère va aller à la pêche, mais je préfère rester sur la plage et jouer avec mes copains.   Tilly

2b **LIRE** Qui est-ce?

1

2

3

4

2c **LIRE** Vrai ou faux?

1 Camille va faire du vélo.
2 Boris va faire de la natation.
3 Sacha va jouer au foot.
4 Tilly va faire de la natation.
5 Camille n'aime pas l'eau froide.
6 Tilly n'aime pas aller à la pêche.

7 Sacha n'aime pas jouer au volley.
8 Camille va à la montagne.
9 Les parents de Tilly vont faire de longues balades à vélo.
10 Sacha va rester à la maison.

3a **ÉCRIRE** Copie et complète la lettre d'Émilie.

3b **ÉCRIRE** Écris une lettre à Émilie.

Je vais aller 🏖️ avec 👥. On va faire du ⛺.

Je vais 🐎 📷 🏔️. Je ne vais pas 🥅, je préfère 🎾.

Et toi? Où vas-tu? Qu'est-ce que tu vas faire? Écris-moi bientôt!

Émilie

3 Aller en ville

Asking where places are in town and giving directions

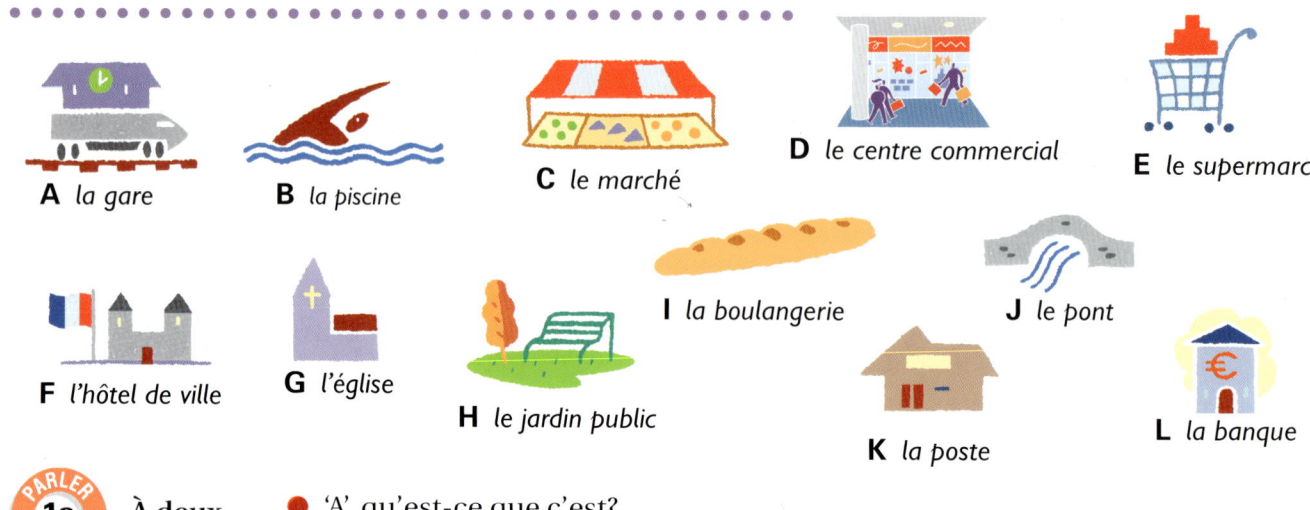

A la gare

B la piscine

C le marché

D le centre commercial

E le supermarché

F l'hôtel de ville

G l'église

H le jardin public

I la boulangerie

J le pont

K la poste

L la banque

 **1a** À deux.
- ● 'A', qu'est-ce que c'est?
- ● C'est la gare. 'B', qu'est-ce que c'est?

 1b Où vont-ils? C'est dans quelle direction?
Écoute et note. (1–7)
Where are they going?
Which direction is it in?

Exemple: **1** *A*

**vous allez
tout droit**

**vous tournez
à gauche**

**vous tournez
à droite**

 **1c** À deux, à tour de rôle. Jeu de rôles.
- ● Pour aller à la banque, s'il vous plaît?
- ● Pour aller à la banque, vous tournez à droite.

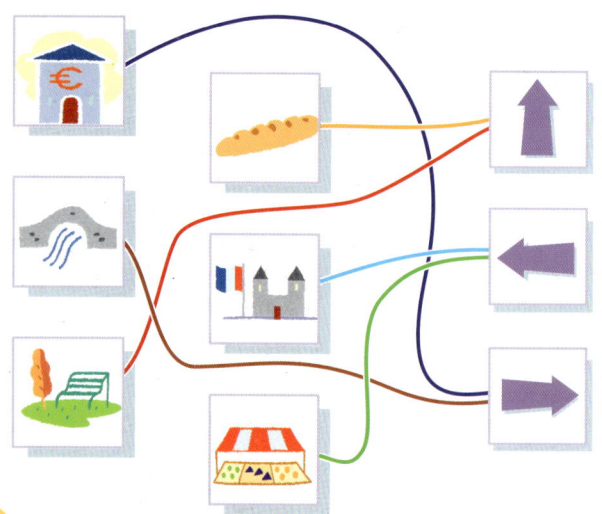

When speaking to someone older whom you don't know, or to more than one person, you should use the **vous** *form:*
vous allez …; vous tournez …

Le détective

How to say 'to': à

à +	**le = au**	au marché
	la = à la	à la gare
	l' = à l'	à l'église
	les = aux	aux magasins

Pour en savoir plus ➡ page 133

 1d Écris les directions.

LIRE 2 **Mets les bâtiments et les services sur le plan.**
Put the buildings and services on the plan.

 l'arrêt de bus

la banque

le cinéma

l'hôtel

le parking

la piscine

la poste

le restaurant

le supermarché

le théâtre

> L'hôtel est sur la place du marché, en face de l'église.

> La banque est en face de la poste.

> Le cinéma est à côté du musée.

> Le restaurant est sur la place du marché, entre l'hôtel et l'arrêt de bus.

> L'arrêt de bus est devant le cinéma.

> La poste est à côté de la gare.

> Le parking est derrière la gare.

> Le théâtre est dans le jardin public.

> Le supermarché est après le pont.

> La piscine est à côté du jardin public.

à côté du/de la/de l'	next to
après	after, beyond
derrière	behind
devant	in front of
en face de	opposite
entre	between

Mini-test   **I can …**
- say where I am going on holiday …
- … and for how long
- say what I am going to do there
- ask the way in town
- say where something is …
- … and give directions for getting there

ÉCRIRE 3 **Dessine le plan d'une ville et explique où sont les bâtiments.**
Draw a plan of a town and explain where the buildings are.

Exemple: La gare est à côté …

4 On achète des souvenirs

Buying a souvenir

ÉCOUTER

1a Qu'est-ce qu'ils achètent?
Écoute et note. (1–7)
What do they buy?

Bonjour, monsieur/madame/mademoiselle.

Bonjour, monsieur/madame.

Vous désirez?

un souvenir

un porte-clés

Je voudrais …

un tee-shirt

une BD

du chocolat

Suchard

un CD

une bouteille de parfum

un poster

une montre

des bonbons

Voilà.

Ça fait combien?

Ça fait …

€12,95   €9,85   €5,85   €6,80

€14,95   €7,90

€17,75   €13,75

Voilà.

**Merci. Au revoir,
monsieur/madame/mademoiselle.**

Au revoir, monsieur/madame.

60	soixante
65	soixante-cinq
70	soixante-dix
71	soixante et onze
75	soixante-quinze

80	quatre-vingts
81	quatre-vingt-un
85	quatre-vingt-cinq
90	quatre-vingt-dix
95	quatre-vingt-quinze
100	cent

1b Écoute encore une fois.
Ça fait combien?
How much does it come to?

1c À deux. Jeu de rôles. Travaille le
dialogue avec ton/ta partenaire.
*Role-play. Practise the dialogue
with your partner.*

2a Choisis un cadeau pour toi.
Choose a present for yourself.

CADEAUX

€15

€12

€3,70

€14,50

€5,30

€12,90

2b Fais la liste de cinq copains/copines.
Choisis un cadeau pour chaque personne.

Exemple: J'achète … pour …

5 *Au Quick*

Reading a menu and buying a snack

Quick
hamburger
restaurant

Menu

Les burgers

Le Hamburger
Un steak haché pur
boeuf, des oignons, des
cornichons et du ketchup

€1,20

Le Fishburger
Du poisson avec du
ketchup et de la
salade

€2,10

Le Toastie
Un sandwich toasté
avec du jambon et
du fromage

€1,90

Le Cheeseburger
Un steak haché, des
oignons et du
fromage fondu

€1,50

Le Poulet-Dip
Les bâtons de poulet et une sauce piquante

€2,90

Les boissons

Coca €1

Coca
Light €1

Café €
€0,70

Orangina €1

Eau minérale
gazeuse
€0,80

Fanta €1

Eau minérale
non gazeuse €0,80

 **1a** Que choisissent-ils? Écoute et note. (1–5)

Exemple: 1 *un fishburger, un Coca*

 1b À deux.

● Un fishburger et un Coca, ça fait combien?
● Ça fait … . Un café, ça fait combien?

2 À deux. Jeu de rôles.

Bonjour, monsieur/madame/mademoiselle. Vous désirez?

Bonjour, monsieur/madame. Je voudrais …

Et avec ça?

Avez-vous …?

C'est tout?

Oui, c'est tout.

Voilà, ça fait …

Voilà, monsieur/madame.

 3 Écris un menu pour 'Mon Snack'.

Bilan et Contrôle révision

I can …
- *say where I am going on holiday …*   Je vais à la campagne …
- *… and how long for*   … pour deux semaines.
- *say whether I like it there or not*   C'est ennuyeux.
- *say that I am staying at home*   Je reste à la maison.
- *say where someone else is going*   Ahmed va à Paris.
- *say what we are going to do on holiday*   Nous allons faire des pique-niques.

I can …
- *name ten places in town …*   le marché, le centre commercial, le supermarché, l'hôtel de ville, le jardin public, la boulangerie, le pont, la banque, le théâtre, l'arrêt de bus
- *… and ask the way to them*   Pour aller au parking?
- *give directions*   Pour aller au restaurant, vous tournez à droite.
- *say where places are*   Le cinéma est en face de la gare. La banque est entre l'hôtel et la boulangerie.

I can …
- *say what I would like to buy*   Je voudrais un souvenir. Avez-vous une bouteille de parfum?
- *ask how much it costs*   Ça fait combien?
- *ask for food and drinks at a fast-food outlet*   Je voudrais un cheeseburger.

1 Où vont-ils? Pour combien de temps? Écoute et note.

Charlotte	David	Lise	Mathieu	France	Victor
A	B	C	D	E	
un week-end	une semaine	dix jours	deux semaines	trois semaines	un mois

2 Annonce où ils vont et pour combien de temps.

3 Qui parle?

1 *Je vais au bord de la mer.*

2 *On va à la campagne.*

3 *On va à la montagne.*

4 *Je reste à la maison.*

J'adore les vacances! Je vais nager et faire de la planche tous les jours.   Sébastien

On va faire du camping. Les vues sont magnifiques, mais je n'aime pas faire de longues promenades, c'est fatigant!   Alicia

Je vais faire des courses, regarder la télé et jouer à l'ordinateur, mais c'est ennuyeux parce que tous mes copains partent en vacances.   Jacques

On va faire du camping et je vais aller à la pêche, mais je préfère aller au bord de la mer.   Caroline

 **4a** Où vont-ils?
Pour combien de temps?
Qu'est-ce qu'ils vont faire?
Écris des phrases.

Didier

Coralie

 4b Réponds aux questions.

1 Où vas-tu pendant les vacances?
2 Pour combien de temps?
3 Qu'est-ce que tu vas faire?
4 C'est comment?

EN PLUS *Maintenant, je sais …*

À deux. Révise avec un(e) partenaire.

1   Qu'est-ce que c'est?

2   C'est combien?

3   C'est quel jour? C'est quelle date?

4   C'est quelle couleur?

5   Qu'est-ce que c'est? C'est de quelle couleur?

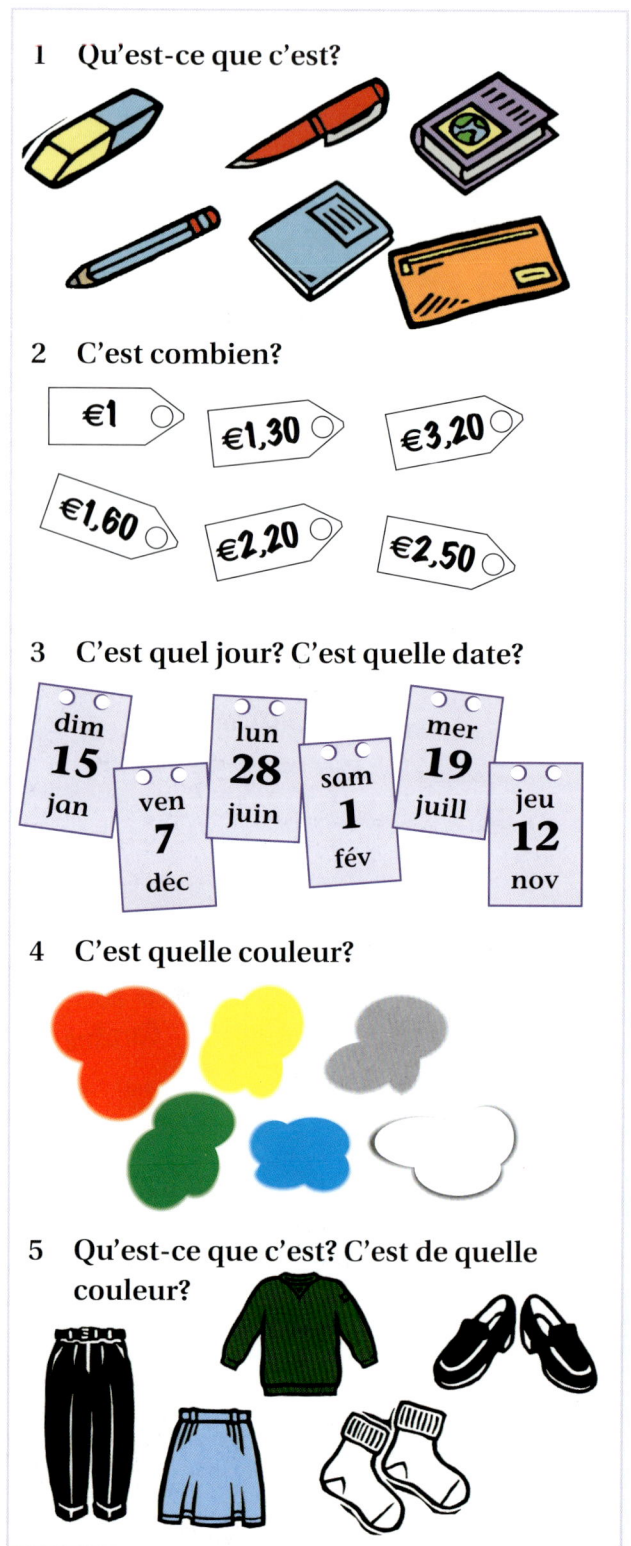

6   C'est quel pays?

7   Elle a des frères et sœurs?

8   C'est quel animal?

9   Quelle heure est-il?

10   C'est quelle matière?

11 Que fais-tu?

12 C'est quel sport?

13 Où vas-tu?

CINÉMA

McDon

14 Qu'est-ce qu'on fait?

15 Quel temps fait-il?

16 Où habites-tu?

17 Dans ta maison, il y a …?

18 C'est quelle pièce?

19 Qu'est-ce que c'est?

20 Qu'est-ce que c'est?

21 Où vas-tu?

Mots

Où vas-tu en vacances? | *Where are you going for the holidays?*

Je vais … | *I'm going …*
au bord de la mer | *to the seaside*
à la campagne | *to the country*
à la montagne | *to the mountains*
au Parc Disneyland | *to Disneyland*
à Paris | *to Paris*
dans les Pyrénées | *to the Pyrenees*

sur la Côte d'Azur | *to the Côte d'Azur*
en Bretagne | *to Brittany*
dans les Alpes | *to the Alps*
en Provence | *to Provence*
dans le Jura | *to the Jura mountains*

Je reste à la maison. | *I'm staying at home.*

Pour combien de temps? | *For how long?*

Pour … | *For …*
un week-end | *a weekend*
une semaine | *a week*
dix jours | *ten days*
deux semaines | *two weeks*
un mois | *a month*

Qu'est-ce que tu vas faire? | *What are you going to do?*

Je vais … | *I'm going …*
aller à la pêche | *to go fishing*
faire une balade à vélo | *to go for a bike ride*
faire du camping | *to go camping*
faire du cheval | *to go riding*
faire de la natation | *to go swimming*
faire de la planche (à voile) | *to go windsurfing*
jouer aux cartes | *to play cards*
jouer avec mes copains | *to play with my friends*
jouer au foot(ball) | *to play football*

jouer à l'ordinateur | *to play on the computer*
jouer au tennis | *to play tennis*
jouer au volley(-ball) | *to play volleyball*

Au camping | *At the campsite*
une caravane | *a caravan*
un pique-nique | *a picnic*
la plage | *the beach*
l'eau | *the water*

En ville | *In town*
l'arrêt de bus | *the bus stop*
la banque | *the bank*
la boulangerie | *the baker's*
le centre commercial | *the shopping centre*
le cinéma | *the cinema*
l'église | *the church*
la gare | *the station*
l'hôtel | *the hotel*
l'hôtel de ville | *the town hall*
le jardin public | *the park*
le marché | *the market*
le parking | *the car park*
la piscine | *the swimming pool*
le pont | *the bridge*
la poste | *the post office*
le restaurant | *the restaurant*
le supermarché | *the supermarket*
le théâtre | *the theatre*

C'est dans quelle direction? | *Which way is it?*

Pour aller …? | *How do I get …?*
au marché | *to the market*
à la gare | *to the station*
à l'église | *to the church*
aux magasins | *to the shops*

Vous …	You …
allez tout droit	*go straight ahead*
tournez à gauche	*turn left*
tournez à droite	*turn right*

Où? — *Where?*

à côté du cinéma	*beside the cinema*
après le pont	*over the bridge*
dans le jardin public	*in the park*
derrière la poste	*behind the post office*
devant la gare	*in front of the station*
en face de l'église	*opposite the church*
entre l'hôtel et la banque	*between the hotel and the bank*
sur la place du marché	*on the market square*

Les courses — *Shopping*

Bonjour, monsieur/madame/mademoiselle.	*Hello (sir/madam/miss).*
Vous désirez?	*What would you like?/ Can I help you?*
Je voudrais …	*I'd like …*
… un cadeau pour …	*… a present for …*
… s'il vous plaît.	*… please.*
Voilà.	*Here you are.*
Ça fait combien?	*How much is it?*
Merci.	*Thank you.*
Au revoir.	*Goodbye.*

J'achète … — *I am buying …*

une BD	*a comic book*
des bonbons	*some sweets*
une bouteille de parfum	*a bottle of perfume*
un CD	*a CD*
du chocolat	*some chocolate*
une montre	*a watch*
un porte-clés	*a key ring*
un poster	*a poster*
un souvenir	*a souvenir*
un tee-shirt	*a T-shirt*

Encore des nombres — *Some more numbers*

soixante	*60*
soixante-cinq	*65*
soixante-dix	*70*
soixante-quinze	*75*
quatre-vingts	*80*
quatre-vingt-un	*81*
quatre-vingt-cinq	*85*
quatre-vingt-dix	*90*
quatre-vingt-quinze	*95*
cent	*100*

Au Quick — *At the fast-food restaurant*

Vous désirez?	*What would you like?*
Je voudrais …	*I'd like …*
un poulet-dip	*chicken fingers*
un hamburger	*a burger*
un fishburger	*a fishburger*
un cheeseburger	*a cheeseburger*
un toastie	*a toasted sandwich*
avec …	*with …*
des cornichons	*gherkins*
du fromage	*cheese*
du jambon	*ham*
du ketchup	*ketchup*
des oignons	*onions*
de la salade	*salad*
Et avec ça?	*And to go with it?*
un Coca	*a Coca-Cola*
un café	*a coffee*
une eau minérale	*a mineral water*
gazeuse/non gazeuse	*fizzy/still*
C'est tout?	*Is that all?*
Oui, c'est tout.	*Yes, that's all.*

MODULE **1** BIENVENUE!

À toi! A

 LIRE

1 C'est quel nombre? Trouve les paires.

Exemple: **1** *un*

1 10 4 9 7 12 3
8 5 11 6 2

trois **un** **six** **onze**
deux **cinq** **sept** **dix**
neuf **huit** **quatre** **douze**

 LIRE

2 C'est quelle image?

Exemple: **1** *D*

 **A**  **B**  **C**

Dans mon sac j'ai . . .

1 un livre bleu
2 un livre vert
3 un cahier vert
4 un cahier rose
5 un stylo noir
6 un stylo à bille bleu
7 une trousse rouge
8 une banane jaune
9 un crayon bleu
10 un tee-shirt rose

 **D**  **E**  **F**

 **G**  **H**

 **J**  **I**

ÉCRIRE

3 Qu'est-ce qu'il y a dans la trousse de Denis?
Copie et complète.

Dans ma trousse il y a un crayon rouge, …

À toi! B

 1 Quel âge a Benjamin? Quelle est la date de son anniversaire? Copie et remplis la grille.

Prénom	Âge	Anniversaire

Sandrine Coralie Hanane Benjamin Thomas Laurent

10   11   12   13   14   15

 15/1  3/3  24/5  19/7 17/10  30/11

Je m'appelle Thomas. J'ai onze ans. Mon anniversaire, c'est le 15 janvier.

Mon nom c'est Laurent. J'ai quatorze ans. Mon anniversaire, c'est le 30 novembre.

Je m'appelle Coralie. J'ai quinze ans. Mon anniversaire, c'est le dix-sept octobre.

Mon nom c'est Hanane. J'ai dix ans et mon anniversaire, c'est le vingt-quatre mai.

Je m'appelle Sandrine. J'ai douze ans. Mon anniversaire, c'est en mars.

2a Que dit Benjamin? Copie et remplis la bulle.

 *Je*

2b Et toi? Écris une bulle pour toi!

À toi! A

1 Trouve les paires. *Exemple:* **1F**

 **A**  **B**  **C**  **D**  **E**  **F**  **G**  **H**  **I**  **J**

1 *J'ai un frère.*

2 *J'ai deux frères.*

3 *J'ai une sœur.*

4 *J'ai deux sœurs.*

5 *Je n'ai pas de frères et sœurs.*

6 *J'ai un frère et une sœur.*

7 *J'ai deux frères et une sœur.*

8 *J'ai deux sœurs et un frère.*

9 *J'ai un chien.*

10 *J'ai un chat.*

2a Qu'est-ce qu'ils disent?

Exemple: **1** *J'ai un frère.*

 **1**

2  **3**

4  **5**  **6**  **7**

2b Et toi? Qu'est-ce que tu dis?

3 Qu'est-ce qu'ils disent?
Copie et complète.

Je suis

J'ai les ...

Je suis

Je suis

J'ai les

Je suis

2
TOI ET MOI

À toi! B

1a Qui est-ce?

Je m'appelle Jérôme. J'ai onze ans. Je suis français. J'habite à Paris, en France. Je suis timide. J'ai les yeux bruns et les cheveux bruns aussi. J'ai une sœur et un frère. J'ai un chien qui s'appelle Bruno. Il est grand.

Mon nom est Cédric. J'ai douze ans et j'habite en France. Je suis grand. J'ai les yeux noisette et les cheveux blonds. Je suis marrant et bavard. J'ai un petit chien qui s'appelle Dutchka.

Je m'appelle Catherine. J'habite en Belgique. J'ai treize ans. Je suis sportive. J'ai les yeux bleus et les cheveux blonds. J'ai une sœur qui s'appelle Camille et un chat qui s'appelle Minou.

Je m'appelle Adrienne. J'ai douze ans. Je suis grande et j'ai les cheveux longs. J'ai une sœur. Je n'ai pas d'animal. Je suis paresseuse.

1b Vrai ou faux?

1	Jérôme est timide.	7	Cédric est petit.
2	Son frère s'appelle Bruno.	8	Il est timide.
3	Son chien est brun.	9	Son chien est petit.
4	Catherine est sportive.	10	Adrienne est sportive.
5	Elle a 13 ans.	11	Elle a les cheveux bruns.
6	Sa sœur s'appelle Camille.	12	Elle a un frère.

2a Que dit Samuel? Copie et complète.

Je m'appelle Samuel.
J'ai douze ans.
J'ai les cheveux …

2b Et toi? Que dis-tu?

cent sept **107**

À toi! A

 LIRE

1 Que fait Pierre le lundi? Mets les symboles dans le bon ordre.

Le premier cours, c'est les maths. Après les maths, j'ai français et puis c'est la récré. Je joue avec mes copains. Après la récré, il y a un cours d'anglais et un cours d'histoire-géo. À midi, je mange à la cantine. L'après-midi, nous avons un cours de sciences, un cours de dessin et un cours de technologie. Ma matière préférée, c'est la techno, c'est génial!

 ÉCRIRE

2 Que fait Aline le mardi?
Copie et complète.

Le premier cours, c'est . Après …, j'ai

et puis c'est .

Après …, il y a un cours de et un cours de .

À midi, je .

L'après-midi, nous avons un cours d' , un cours de

 et un cours de .

Ma matière préférée, c'est . C'est …!

MODULE **3** AU COLLÈGE

À toi! B

LIRE

1 Aurélie, comment trouve-t-elle les matières? Copie et remplis la grille.

Matière	✓ / ✗

Le lundi

J'arrive au collège à huit heures moins dix et je parle avec mes copains. Les cours commencent à huit heures cinq. Le premier cours c'est le français avec Mme Joliot. C'est génial. Après le français, c'est les maths avec M. Robert. C'est ennuyeux. Puis c'est la récré et je joue avec mes copains. Après la récré, il y a un cours de sciences. J'aime ça, c'est intéressant. Puis il y a un cours d'informatique et je travaille à l'ordinateur. C'est OK. À midi, je mange à la cantine avec mes copains. À une heure et demie, j'ai un cours d'espagnol. C'est nul! Je ne comprends pas l'espagnol. Puis il y a un cours d'histoire-géo – c'est ennuyeux – et un cours de sport. Je fais de la gymnastique, c'est super!
Aurélie

ÉCRIRE

2 Copie et complète les phrases avec le verbe correct.

> arrive   écoute   fais   joue
> mange   parle   travaille

1 J'_____ au collège.
2 Je _____ avec mes copains.
3 J'_____ le prof.
4 Je _____ à l'ordinateur.
5 Je _____ à la cantine.
6 Je _____ avec mes copains.
7 Je _____ de la gymnastique.

ÉCRIRE

3 Que fait Aurélie?

Exemple: **1** *Elle arrive au collège.*

MODULE **4** MES LOISIRS

À toi! A

1 Lis les textes, copie et remplis la grille.

J'aime le basket. Je joue au basket deux fois par semaine et je fais du cyclisme le dimanche. Gilles

Le mardi et le samedi, je joue au foot, et le mercredi après-midi, je joue au snooker au club des jeunes. Didier

Je fais de l'équitation le mercredi et le dimanche. Au collège, je joue au hockey le mardi et le samedi. Lucille

Prénom	Sports (2)	✗
Gilles	*basket, cyclisme*	*×1, ×2*

Le dimanche et le mercredi, je fais du cyclisme, et le mardi et le vendredi, je joue au hockey. Pascal

Je fais du judo le mercredi, le samedi et le dimanche. Je joue au ping-pong avec mon frère tous les jours. Émilie

Je fais du jogging tous les jours et je fais de la danse le mercredi. Nathalie

2 Que fait Olivier? Copie et complète.

Mon sport préféré, c'est le  *. J'aime aussi faire de la*  *et de la*  *. Le dimanche, je fais du*  *avec mon père et au collège, je fais du*  *et du* *. Après le collège, je joue au* *avec mon copain Sylvain.*

Olivier

3 Quel temps fait-il?
Copie et remplis le journal.

Exemple:
Lundi: Il y a du soleil.

lundi
mardi
mercredi
jeudi
vendredi
samedi
dimanche

À toi! B

1 Lis la lettre de Denis.
Copie et remplis la fiche.

Cher Jack, chère Ellie,

Je m'appelle Denis. J'ai douze ans et j'habite à
Paris, en France. J'ai un frère et deux sœurs. Je
suis sportif. Au collège, je joue au foot, au basket
et au tennis. Le dimanche, s'il fait beau, je fais
du cyclisme avec mon frère. S'il pleut, je joue au
ping-pong avec mon copain. Je n'aime pas faire
de natation et je n'aime pas regarder la télé. Je
préfère regarder des vidéos et aller au cinéma,
et j'adore lire des BD.
Es-tu sportif/sportive? Qu'est-ce que tu aimes
faire et qu'est-ce que tu n'aimes pas faire?

Amitiés,
Denis

Prénom		Âge	
Nationalité			
Famille			
Sports			
❤️❤️			
❤️			
✗			

2 Et toi? Copie et remplis la fiche pour toi.

3 Écris une lettre à Denis.

MODULE

5
CHEZ MOI

À toi! A

1a Comment sont leurs maisons? Copie la grille et coche.

Nom						
Aurélie	✓		✓			✓

Nous habitons à la campagne. Ma maison est petite. Il y a un grand jardin et une cave, mais il n'y a pas de garage. Aurélie

Mon appartement est en banlieue. Nous habitons au deuxième étage. Il y a un grand balcon. Il y a une cave et un garage au sous-sol, mais nous n'avons pas de jardin. Benoît

J'habite en ville. Nous habitons au troisième étage. Notre appartement est petit. Nous avons un balcon et un petit jardin, mais il n'y a pas de cave ni de garage. André

Nous habitons une petite maison dans un village. Nous avons un grand jardin, un garage et une cave. Sybille

Nous habitons en montagne. Notre maison est grande. Il y a un grand balcon, un garage et une cave, mais il n'y a pas de jardin. Frédérique

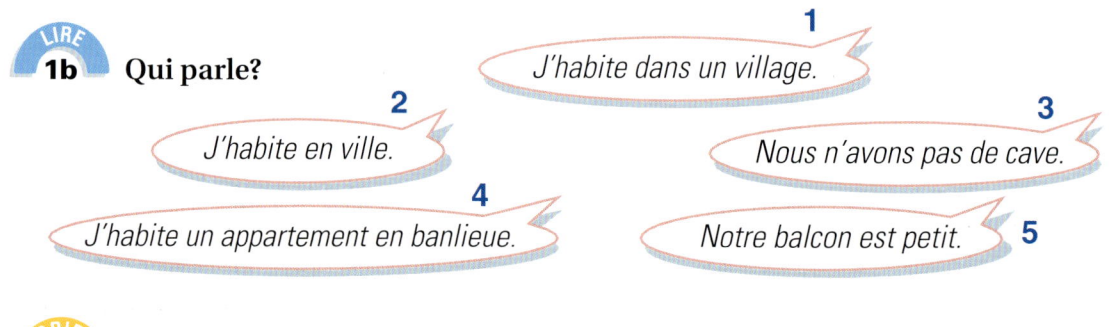

1b Qui parle?

1 *J'habite dans un village.*

2 *J'habite en ville.*

3 *Nous n'avons pas de cave.*

4 *J'habite un appartement en banlieue.*

5 *Notre balcon est petit.*

2 Copie et complète.

Nous habitons une petite  en  . Nous avons une  ,
une  et un  au rez-de-chaussée. Au premier étage, il y a
trois  , une  et une . Nous avons un  et
un grand  . Florence

MODULE 5 · CHEZ MOI

À toi! B

1a Lis le texte de Corinne. Copie et remplis la fiche.

Je m'appelle Corinne et j'ai onze ans. J'ai un frère et une sœur. Mon frère s'appelle Mathieu et ma sœur s'appelle Bénédicte. Nous avons un chien et deux chats.

J'aime faire du sport. Mon sport préféré, c'est le tennis. Je joue au tennis deux fois par semaine et j'aime aussi faire de la natation. J'adore la neige et j'adore faire du ski. Ce que je déteste, c'est la pollution. Le dimanche, je fais une longue promenade avec le chien.

Mon frère a dix ans. Il aime jouer au ping-pong et faire de la natation avec ses copains. Ma sœur a dix-huit ans. Elle aime faire des courses et aller au cinéma avec son copain.   Jules.

Prénom	....	Âge ....
Nationalité	....	
Famille	....	
Sports	....	

❤ ❤ ....
❤ ....
❌ ....

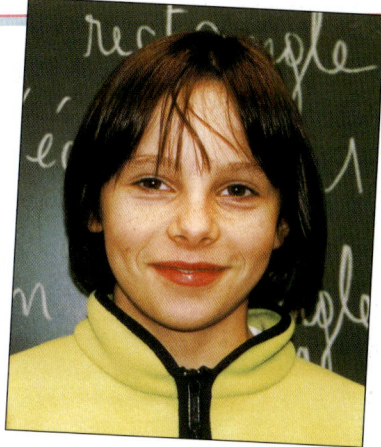

1b Qui parle: Jules, Mathieu ou Bénédicte?

1 Ma sœur s'appelle Corinne.
2 J'ai deux sœurs.
3 Ma copine s'appelle Bénédicte.
4 J'aime jouer au ping-pong.
5 J'aime aller au cinéma avec ma copine.
6 J'aime faire des courses.

1c Choisis une maison pour la famille de Corinne.

Les Goélands	Les Pins	Le Mistral	Le Jura	La Maison blanche
appartement au bord de la mer, 3 chambres, s de bains, balcon	chalet à la campagne, 3 chambres, s de bains, petit jardin	appartement en ville, 4 chambres, s de bains + douche, balcon	maison en montagne, 2 chambres, douche, grand jardin	maison, en banlieue, 4 chambres, s de bains + douche, grand jardin

2 Écris une petite annonce pour le chalet Les Hirondelles.

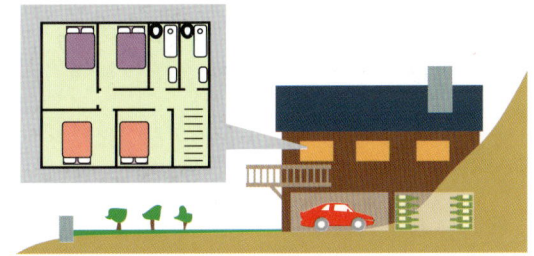

MODULE 6 LES VACANCES

À toi! A

LIRE

1a Ce sont les photos de qui?
Lis et trouve.

D

E

A

B

C

F

Je vais au bord de la mer avec mes parents et mon frère. On va faire de la natation et de la planche. Je vais jouer au tennis avec mon frère et faire de longues promenades avec le chien.
Camille

Je vais rester à la maison. S'il fait beau, je vais faire des balades à vélo. S'il pleut, je vais aller en ville, faire du shopping et aller au cinéma avec ma sœur.
Caroline

Nous allons à la campagne. Nous allons faire du camping. Je vais aller à la pêche. Il y a une grande piscine au camping. Je vais faire de la natation et jouer au tennis avec mes copains.
Sébastien

Nous allons au bord de la mer. Je vais jouer au foot et au volley et je vais faire de la natation avec mes copains. Où vas-tu?
Ludovic

LIRE

1b Vrai ou faux?

1	Camille a un chien.	7	Caroline va au bord de la mer.
2	Elle va à la campagne.	8	Elle n'aime pas aller en ville.
3	Elle n'aime pas faire de natation.	9	Elle a une sœur.
4	Sébastien va au bord de la mer.	10	Ludovic va rester à la maison.
5	Il aime aller à la pêche.	11	Il aime faire de la natation.
6	Il n'aime pas jouer au tennis.	12	Il n'aime pas jouer au foot.

ÉCRIRE

2 Qu'est-ce que tu vas faire?
Copie et complète.

Je vais aller ...

Je vais faire ...

Je vais jouer ...  avec

MODULE 6
LES VACANCES

À toi! B

À toi! B

1 Lis les textes et cherche les mots inconnus dans un dictionnaire. Où vont-ils? Écris.

Exemple: **1** *Il va au supermarché.*

1 Je vais faire des courses pour Maman.

2 Je vais faire de la natation avec mes copains.

3 Le train pour Toulouse? Est-ce qu'il y a un train à 10h45?

4 Je veux un kilo de pommes et 500 grammes de tomates.

5 Il y a un bus dans dix minutes.

6 Je vais acheter deux baguettes et six croissants.

7 J'ai faim! Je voudrais manger un burger-frites.

8 Je vais envoyer une lettre à ma corres.

9 Pour traverser la rivière, je tourne à gauche?

10 Je voudrais acheter des souvenirs. Où sont les magasins?

2 Qu'est-ce que tu vas faire pendant les vacances? Copie et complète.

Exemple: *Lundi, je vais jouer au foot et …*

| lundi |
| mardi |
| mercredi |
| jeudi |
| vendredi |
| samedi |

Bonjour, Salut!

Refrain

Janvier, février, mai ou octobre.
Juillet, avril, juin ou décembre?
Avril, août, mars ou septembre
Juin, juillet, mai ou novembre?

Bonjour, salut, bonjour Esther.
Quelle est la date de ton anniversaire?

Refrain

Bonjour, salut, bonjour Jean-Pierre.
Quelle est la date de ton anniversaire?

Refrain

Bonjour, salut, ici Benjamin.
Mon anniversaire, c'est le premier juin.

Refrain

Bonjour, salut, ici Zoë
Mon anniversaire, c'est le dix-huit mai.
Mon anniversaire, c'est le dix-huit mai.

Qui est-ce?

Qui est-ce? Qui est-ce?
Tu es Patrice?
Où habites-tu?
J'habite en Suisse.

Tu es comment?
Je suis marrant.
Tu es petit?
Non, je suis grand.

Tu as une soeur?
Elle a les cheveux longs?
Non, elle a les cheveux,
Mi-longs et blonds.

Ma soeur s'appelle
Marie-Hélène
Elle est bavarde et
De taille moyenne.

Elle est sportive?
Non, paresseuse.
Elle est marrante?
Non, ennuyeuse.

As-tu un animal?
J'ai deux lapins,
Un chat tigré
Et un gros chien.

Qui est-ce? Qui est-ce?
Je suis Patrice.
Il est Patrice,
Et il est suisse.

 1 **Vrai ou faux?**

1 Patrice habite en Suisse.

2 Patrice est petit.

3 Il a une soeur, Marie-Hélène.

4 Elle a les cheveux longs et roux.

5 Elle est sportive.

6 Patrice a un gros chien.

7 Il est français.

Corrige les erreurs.

 2 **Complète et chante!**

a Qui-est? Qui est-…?
Je … Florence.
Je suis française,
J'habite en …

b Qui est-ce? Qui est-ce?
Tu … Monique?
Où habites -…?
Moi, en …

c Qui est-ce? … est-ce?
Je m'appelle …
Où habites-tu?
Moi, … Écosse.

qui
ce
Ross
es
France
tu
suis
en
Belgique

Le collège, c'est super!

Refrain
On a français, maths, sport et musique.
Histoire-géo et informatique.
Dessin et anglais – voilà toutes les matières.
Le collège, le collège, c'est super, SUPER?

Il est huit heures et quart et j'arrive au collège.
On a sciences physiques avec Monsieur Delaneige.
Il est neuf heures. On a sport, c'est OK.
Et après, le dessin – ma matière préférée.

Refrain
On a français, maths, sport et musique.
Histoire-géo et informatique.
Dessin et anglais – voilà toutes les matières.
Le collège, le collège, c'est super, SUPER?

Il est dix heures et demie. La récré, c'est fini.
C'est histoire-géo avec Madame Martini.
Il est onze heures et demie, nous avons français.
J'écoute le prof, mais il parle en anglais!

Refrain
On a français, maths, sport et musique.
Histoire-géo et informatique.
Dessin et anglais – voilà toutes les matières.
Le collège, le collège, c'est super, SUPER?

C'est l'après-midi et je fais du dessin.
Il est trois heures et quart, je parle avec mes copains.
Ça y est, il est quatre heures et demie.
C'est super, c'est génial, l'école est finie!

Refrain
On a français, maths, sport et musique.
Histoire-géo et informatique.
Dessin et anglais – voilà toutes les matières.
Le collège, le collège, c'est super, SUPER?

A B C D

E F G H

LIRE 1 Regarde le refrain. Mets les symboles dans le bon ordre.

ÉCRIRE 2 Trouve et écris les heures.

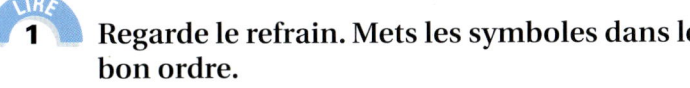

1 **11:20**   2 **8:15**   3 **10:20**   4 **9:10**   5 **2:15**

Un week-end actif

Refrain
Que fais-tu, que fais-tu ce week-end?
Du football, du skate, du tennis, du vélo
Que fais-tu, que fais-tu ce week-end?
Du volley, du hockey, du basket, du judo?

Samedi matin, je fais du vélo
Avec Jean-Luc, Martin et Hugo.
L'après-midi, il fait beau, il fait chaud.
Je vais en ville et je vais au MacDo.

Refrain
Que fais-tu, que fais-tu ce week-end?
Du football, du skate, du tennis, du vélo
Que fais-tu, que fais-tu ce week-end?
Du volley, du hockey, du basket, du judo?

Samedi soir, à huit heures et demie,
Je vais au cinéma avec Arthur et Sophie.
Mes films préférés sont les films
d'aventures
Je préfère le football, me dit Arthur.

Refrain
Que fais-tu, que fais-tu ce week-end?
Du football, du skate, du tennis, du vélo
Que fais-tu, que fais-tu ce week-end?
Du volley, du hockey, du basket, du judo?

Dimanche matin, je dors, oui je dors!
L'après-midi avec Claire, je sors.
Je vais à la pèche. Il fait très beau
Et puis je regarde des vidéos.

Refrain
Que fais-tu, que fais-tu ce week-end?
Du football, du skate, du tennis, du vélo
Que fais-tu, que fais-tu ce week-end?
Du volley, du hockey, du basket, du judo?

LIRE

1 **Trouve deux symboles pour:**

a   samedi matin
b   samedi après-midi
c   dimanche matin

ÉCRIRE

2 **Trouve et écris huit sports.**

1
2
3  7:30
4
5
6

Ma maison

Près de la poste
Est ma maison.
Il n'y a pas de mansarde,
Il n'y a pas de balcon.
Au premier étage il y a
La chambre de mon frère,
La chambre de mes parents,
Le bureau de mon père.

À la montagne
Il y a un chalet,
Il y a une salle de bains
Et deux w.c.
Le jardin est petit,
Il n'y a pas de garage.
Il n'y a pas de cave,
Il y a deux étages.

À la campagne
Il y a une ferme.
Il n'y a pas de salle de jeux,
Ce n'est pas moderne.
Il y a une cuisine,
Une salle à manger,
Et une salle de séjour
Au rez de chaussée.

 1 **C'est la maison (M), la ferme (F), ou le chalet (C)? Écris la bonne lettre chaque fois.**

1 Il n'y a pas de balcon ou de mansarde.

2 Il y a deux w.c. et une salle de bains.

3 La salle de séjour est au rez de chaussée.

4 Il y a un petit jardin.

5 Il n'y a pas de cave ou de garage.

6 Le bureau est au premier étage.

7 Il y a une cuisine mais il n'y a pas de salle de jeux.

8   Il y a deux étages mais il n'y a pas de cave.

 2 **Trouve les pièces cachées.**

1 lasel à ragmen

2 sleal ed bisan

3 veca

4 elsal ed éjorsu

5 suinice

6 becharm

Les vacances

Où vas-tu Jérôme?
Pendant les vacances?
Moi, je vais à la montagne,
Et moi, je vais en Provence.

Je vais pour deux semaines.
Qu'est-ce que tu vas faire?
Je vais jouer au tennis
Au bord de la mer.

Où va Jean-Louis?
Il va en Bretagne.
A côté d'un village?
Oui, à la campagne.

Qu'est-ce qu'il va faire?
Il va faire des pique-niques,
Ah, avec ses copains?
Oui, dans le jardin public.

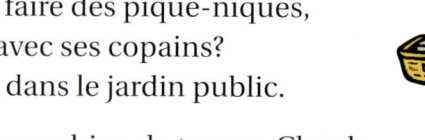

Pour combien de temps, Claude,
Vous allez en vacances?
Nous allons pour dix jours
À Disneyland en France.

Et Anne et Manon,
Où vont-elles, enfin?
Elles restent à la maison
Et sortent le chien.

 **1** Trouve le bon verbe.

vais	allons	vont	allez	va	vas

1. Jean-Louis … à la campagne.
2. Nous … au parc Disneyland.
3. Où … Anne et Manon?
4. Je … en Provence.
5. Vous … en vacances?
6. Qu'est-ce que tu … faire?

 2 Trouve les paires et prépare une autre chanson.

Exemple:
a *Je dors dans mon lit*
f *À dix heures et demie.*

a je dors dans mon lit
b avec mon frère
c vous désirez?
d dans la cuisine
e une promenade à vélo
f dix heures et demie
g devant le parking
h au bord de la mer
i je voudrais un cadeau
j à la piscine.
k un porte-clés
l je vais faire du camping

Grammaire

1 Nouns (1): people and things

A noun is a naming word: it tells you who someone is or what something is. You can recognise a noun in English because you can say 'the' or 'a' in front of it. These are nouns:

> livre – *book*; stylo – *pen*; chien – *dog*; gomme – *rubber*; règle – *ruler*; garçon – *boy*; fille – *girl*

In French all nouns are either masculine or feminine. When you look a noun up in a dictionary, you will find *(m)* or *(f)* after it to tell you whether it is masculine *(masculin)* or feminine *(féminin)*.

Copy the two columns and put the words in the correct column:

livre *(m)*　　fille *(f)*　　stylo *(m)*　　règle *(f)*

chien *(m)*　　table *(f)*　　crayon *(m)*　　gomme *(f)*

chaise *(f)*　　cahier *(m)*

masculin	*féminin*

2 The indefinite article: translating 'a'

'A' (or 'an') is called the *indefinite article* because it refers to any one item, and not to a specific one: 'a book' means any book, not 'the blue book' or 'my book'.

In French there are two forms of the indefinite article: **un** and **une**. You use **un** in front of masculine nouns and **une** in front of feminine nouns.

Which would you use with these nouns, **un** or **une**?
What do they mean? Look up any words you don't know in the vocabulary.

1 ballon *(m)*	**6** feutre *(m)*	**11** règle *(f)*
2 cahier *(m)*	**7** fille *(f)*	**12** stylo *(m)*
3 chat *(m)*	**8** garçon *(m)*	**13** stylo à bille *(m)*
4 chien *(m)*	**9** gomme *(f)*	**14** taille-crayon *(m)*
5 crayon *(m)*	**10** livre *(m)*	**15** trousse *(f)*

3 Negation (1): saying you haven't any

Instead of using 'a' (**un** or **une**), if you *don't* have something you use **de**.

> Je n'ai pas de …

How would you answer these questions, saying you haven't any?

1 As-tu un crayon?   *Non, je n'ai pas de crayon.*

2 As-tu un stylo?

3 As-tu une gomme?	**7** As-tu une trousse?
4 As-tu un cahier?	**8** As-tu un taille-crayon?
5 As-tu un livre?	**9** As-tu un pull-over?
6 As-tu une règle?	**10** As-tu un tee-shirt?

4 Adjectives (1): colour

An *adjective* is a describing word: it describes a noun. Adjectives of colour tell you what colour something is:

> rouge   blanc   bleu   vert   jaune   noir   gris   rose   orange   marron

In French, adjectives of colour come *after* the noun they are describing:

> un livre bleu – *a blue book (literally, a book blue)*

Most adjectives end in **e** when they are used with a feminine noun. Some already end in **e** anyway:

Masculin	Féminin	
rose	rose	*pink*
rouge	rouge	*red*
jaune	jaune	*yellow*

Others have to add **e**:

bleu	bleue	*blue*
noir	noire	*black*
vert	verte	*green*
gris	grise	*grey*

Blanc adds **he**:

blanc	blanche	*white*

And a few don't change at all:

marron	marron	*brown*
orange	orange	*orange*

How would you say what colour these things are? Remember that the colour comes after the noun. For example:

un chien noir – a black dog

un livre   une trousse   un feutre   un stylo   une lampe   un ballon   une fleur   un pull-over

5 Names of countries

The names of countries are either masculine or feminine. Most of them are feminine, for example:

la France; l'Italie; l'Espagne; l'Angleterre; l'Écosse

A few are masculine, including:

le pays de Galles; le Canada; le Luxembourg

To say 'in' with the name of a country, you use **en** with feminine countries and **au** with masculine countries:

la France ⟶ en France

le pays de Galles ⟶ au pays de Galles

How would you say that you live in these places?

J'habite …

1 France	4 pays de Galles	7 Allemagne	10 Luxembourg
2 Belgique	5 Irlande	8 Canada	
3 Italie	6 Écosse	9 Espagne	

6 Adjectives (2): nationality

Words for *nationalities*, such as 'English', 'French', 'Spanish', are adjectives, so they end in **e** if they are describing a female. Like the colour adjectives (see section **4**), some already end in **e**:

	Masculin	*Féminin*	
Je suis	belge	belge	*Belgian*
	suisse	suisse	*Swiss*

But you have to remember to add **e** to these when talking about someone female:

Il/Elle est	anglais	anglaise	*English*
	écossais	écossaise	*Scottish*
	espagnol	espagnole	*Spanish*
	français	française	*French*
	gallois	galloise	*Welsh*
	irlandais	irlandaise	*Irish*

How would you say what nationality these people are?

François  Nathalie   Jack  Helen

Myfanwy  Glyn   Hamish  Shona   Connor  Siobhan

7 Nouns (2): the plural

To talk about more than one of something you need to use the *plural*. In English most nouns are made plural by adding **s** to the end, and the same applies in French:

	Singular (singulier)	Plural (pluriel)
J'ai	un frère – *one brother*	deux frères – *two brothers*
	une plante – *a plant*	des plantes – *some plants*

Words which already end in **s** stay the same:

une souris	cinq souris	*mice*

A few words make the plural by adding **x**:

un oiseau	trois oiseaux	*birds*
un bateau	trois bateaux	*boats*
un animal	deux animaux	*animals*

How would you say you have these things?

1    2    3    4    5

8 The definite article: translating 'the'

'The' is called the *definite article* because it refers to a specific item. In French the definite article has different forms: you use **le** in front of masculine nouns, **la** in front of feminine nouns and **les** in front of plural nouns.

Masculin	*Féminin*	*Pluriel*
le livre	la banane	les livres, les bananes

If the noun begins with a vowel or a silent **h**, you use **l'** in the singular:

Masculin	*Féminin*	*Pluriel*
l'animal	l'araignée	les animaux, les araignées

Which would you use with these: **le**, **la**, **l'** or **les**?
(Look up any words you don't know in the vocabulary.)

1 livre	6 trousse
2 chiens	7 stylo
3 gomme	8 chat
4 porte	9 livres
5 oiseau	10 oiseaux

9 Possessive adjectives (1): 'my' and 'your'

The words 'my' and 'your' are called *possessive adjectives* because they say who something belongs to. Like other adjectives, they change to 'agree' with the noun they describe:

Masculin	*Féminin*	*Pluriel*
mon stylo *my pen*	ma trousse *my pencil case*	mes livres *my books*
ton ballon *your ball*	ta gomme *your rubber*	tes crayons *your pencils*

How would you say 'my …'?

1 frère	6 feutres
2 sœur	7 ballons
3 crayon	8 oiseaux
4 livre	9 lapin
5 sœurs	10 règle

How would you say 'your …'?

1 sœur	6 cahier
2 hamster	7 stylos
3 ballon	8 chat
4 chien	9 pull-over
5 livres	10 tee-shirt

10 Adjectives (3): the plural

The following words are also *adjectives,* so they change to agree with the noun. In the plural they add **s** to the corresponding singular form, unless it already ends in **s** or **x**.

Words which already end in **e** in the masculine stay the same in the feminine:

| *Singulier* | | *Pluriel* | |
Masculin	*Féminin*	*Masculin*	*Féminin*
timide	timide	timides	timides

Most other adjectives add **e** in the feminine:

grand	grande	grands	grandes
petit	petite	petit	petites

But those which end in **x** change this ending to **se** in the feminine:

ennuyeux	ennuyeuse	ennuyeux	ennuyeuses
paresseux	paresseuse	paresseux	paresseuses

And those ending in **f** change this to **ve**:

sportif	sportive	sportifs	sportives

How would you say what these people are like?

Thomas est ... et ...

Isabelle est ... et ...

11 Verbs (1): action words

Verbs are action words: they describe what someone or something does.

11.1 *je, tu, il/elle*

You use the **je** ('I') form to talk about yourself. Remember that **je** becomes **j'** if the verb begins with a vowel or silent **h**.

You use the **tu** ('you') form to talk to a friend.

You use the **il/elle** ('he/she') form to talk about someone or something else.

In French the ending of the verb usually varies for each of these forms.

11.2 Saying what you have and how you are

Avoir ('to have') and **être** ('to be') are known as *irregular verbs* because they don't follow a regular pattern.

avoir
j'ai	*I have*
tu as	*you have*
il/elle a	*he/she has*

être
je suis	*I am*
tu es	*you are*
il/elle est	*he/she is*

How would you say …?

1 I am	2 he is	3 she has	4 you are
5 she is	6 I have	7 he has	8 you have

12 Verbs (2): the infinitive

When you look a verb up in a dictionary it is given in the *infinitive*. The infinitive is the 'name' of the verb. In English it is always preceded by 'to':

to eat – manger; *to finish* – finir; *to do* – faire

In French, infinitives usually end in **er**, **ir** or **re**.

12.1 Regular -*er* verbs: -*e*, -*es*, -*e*

Most verbs which end in **er** are regular. This means that they all follow the same pattern, so they are easy to learn. Take off the **er** to find the stem of the verb and then add the endings **-e**, **-es**, **-e**. In other words, they all end in **e** in the **je** and **il/elle** forms and **s** in the **tu** form.

arriver; parler; écouter; travailler; manger; jouer

j'arrive	je parle
tu arrives	tu parles
il/elle arrive	il/elle parle

What is the correct form of these verbs and what do they mean?

1 Elle (parler)   *Elle parle – She speaks*

2 J'(arriver)	7 Tu (arriver)	12 Je (manger)
3 Tu (manger)	8 Il (manger)	13 Je (parler)
4 Il (écouter)	9 Tu (travailler)	14 Il (travailler)
5 Je (travailler)	10 Elle (jouer)	15 Tu (jouer)
6 J'(écouter)	11 Tu (parler)	

12.2 *-ir* and *-re* verbs: *-s, -s, -t*

Many verbs which end in **ir** or **re** are irregular, but the pattern for the **je**, **tu** and **il/elle** forms is easy to remember: **-s**, **-s**, **-t**. Add these endings to the part of the verb shown in bold:

> **fai**re – *to do*; **di**re – *to say*; **fini**r – *to finish*; **sor**tir – *to go out*;
> **li**re – *to read*; **écri**re – *to write*

> **What is the correct form of these verbs and what do they mean?**
>
> **1** Je (faire)   *Je fais – I do*
>
> **2** Tu (dire)   *Tu dis – You say*
>
> **3** Il (sortir)
>
> | | | |
> |---|---|---|
> | **4** Je (lire) | **8** Tu (faire) | **12** Elle (faire) |
> | **5** Tu (écrire) | **9** Il (écrire) | **13** J'(écrire) |
> | **6** Je (dire) | **10** Je (sortir) | **14** Tu (finir) |
> | **7** Elle (finir) | **11** Tu (lire) | **15** Il (dire) |

13 Interrogation: asking questions

You can ask a question just by using a different intonation, making your voice rise at the end:

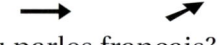

> Tu parles français?

Or you can change the word order and put the verb first (followed by a hyphen):

> As-tu un crayon?

> **Use the correct form of the verb to ask …**
>
> | | |
> |---|---|
> | **1** (Aimer)-tu le badminton? | **5** (Jouer)-tu au football? |
> | **2** (Adorer)-tu le foot? | **6** (Parler)-tu anglais? |
> | **3** (Détester)-tu la natation? | **7** (Manger)-tu des bananes? |
> | **4** (Trouver)-tu le tennis super? | **8** (Avoir)-tu un stylo? |
>
> Now make up some more questions of your own.

14 Faire + de: saying what you do

When you use the verb **faire** followed by **de** with the definite article (see section **8**) it changes in the masculine and plural forms:

de+ le = **du**	Je fais du judo. – *I do judo.*
de la	Je fais de la gymnastique. – *I do gymnastics*
de l'	Je fais de l'athlétisme. – *I do athletics.*
de + les = **des**	Je fais des courses. – *I go shopping.*

15 Negation (2): saying you don't

To say that you *don't …*, you put **ne** in front of the verb and **pas** after it:

J'aime les sciences. – *I like science.*
Je n'aime pas les sciences. – *I don't like science.*

Now say you don't …

1 J'(aimer) le badminton.
2 J'(adorer) le foot.
3 Je (détester) la natation.
4 Je (trouver) le tennis super.
5 Je (parler) anglais.
6 J'(aimer) le hockey.

Remember (see section **3**) that to say you *haven't got a/any …*, you use **ne … pas de**:

J'ai un chien. → Je n'ai pas de chien.
Je mange des bananes. → Je ne mange pas de bananes.

To say you *don't do any …*, you replace the **du/de la/de l'/des** with **de**:

Je fais du cyclisme. → Je ne fais pas de cyclisme.
Je fais de la natation. → Je ne fais pas de natation.

How would you say in the negative …?

1 Je … (faire) … de sport.
2 Il … (avoir) … de sœur.
3 Elle … (manger) … de bananes.
4 Il … (faire) … de cyclisme.
5 Je … (avoir) … de copains.
6 Je ne … pas de …

16 Possessive adjectives (2): 'his' and 'her'

Remember that the words for 'my' and 'your' are adjectives and change to agree with the word they describe (section **8**). The word for 'his/her' follows the same pattern:

	Masculin	*Féminin*	*Pluriel*
my	mon frère	ma sœur	mes chats
your	ton chat	ta règle	tes sœurs
his/her	son lapin	sa gomme	ses frères

How would you say …?

1 *(my)* chien; *(your)* chien; *(his)* chien; *(her)* chien

2 *(my)* trousse; *(your)* trousse; *(his)* trousse: *(her)* trousse

3 *(my)* affaires; *(your)* affaires; *(his)* affaires; *(her)* affaires

17 Verbs (3): 'we'

To talk about yourself and someone else, you need the word 'we': **nous**. The **nous** verb form always ends in **ons**.

For regular **-er** verbs, first find the stem of the verb by taking off the **er** and then add the ending **-ons**.

> habiter – *to live* ⟶ nous habitons – *we live*

Write the correct form of these **-er** verbs.

1 *we talk* – nous (parler)   5 *we wear* – nous (porter)

2 *we play* – **nous (jouer)**   6 *we go* – **nous (adorer)**

3 *we work* – **nous (travailler)**   7 *we like* – **nous (aimer)**

4 *we live* – **nous (habiter)**   8 *we prefer* – **nous (préférer)**

Here is the **nous** form of three important irregular verbs:

> aller ⟶ nous allons   avoir ⟶ nous avons   être ⟶ nous sommes

Write out these sentences using the correct verb forms.

1 Nous (habiter) en banlieue.   6 Nous (aimer) les chats.

2 Nous (avoir) une grande maison.   7 Nous (préférer) regarder des vidéos.

3 Nous (être) à la maison.   8 Nous (jouer) au hockey.

4 Nous (avoir) un chien.   9 Nous (travailler) dans le jardin.

5 Nous (regarder) la télé.   10 Nous (aller) en ville.

18 Possessive adjectives (3): 'our'

The word for 'our' is **notre** if talking about one person or thing and **nos** if talking about more than one:

Masculin	Féminin	Pluriel
notre collège	notre ville	nos professeurs

How would you say these are 'our' things?

… maison; … appartement; … affaires; … chien; … bicyclettes

19 Verbs (4): the plural

You already know most of the forms (or *persons*) of a verb. Now look at the whole verb.

A regular **-er** verb: *jouer* – to play

	Singulier	*Pluriel*
first person	je joue	nous jouons
second person	tu joues	vous jouez
third person	il/elle joue	ils/elles jouent

When talking to more than one person or to someone older than yourself, you use the **vous** form. It is easy to remember because you hear it all the time when your teacher is speaking to the class!

You use the **ils/elles** form to talk about more than one other person: 'they'. You only use **elles** if everyone (or everything) being referred to is feminine. If not, you use **ils**. The **ils/elles** form often sounds the same as the singular (**il/elle**) form, but you have to remember how to spell it when you are writing.

> Write the **vous** form of these **-er** verbs.
>
> 1 parler   5 aimer   9 travailler
>
> 2 jouer   6 arriver   10 manger
>
> 3 porter   7 habiter
>
> 4 regarder   8 rester

> How would you say 'they' do all these things?
>
>
>
> 1   2   3   4
>
> 5   6   7   8

20 *On:* 'one'

When you want to say that 'people in general' do something, you can use **on**. It can be used where we say 'you', referring to people in general:

> On monte l'escalier et on tourne à droite. – *You go up the stairs and turn right.*

Or where we would say 'we' in English:

> On ne va pas au collège le mercredi. – *We don't go to school on Wednesdays.*

On is followed by the third person singular (**il/elle**) form of the verb.

> Write the correct form of these verbs.
>
> 1 on (faire)   5 on (aimer)   9 on (finir)
>
> 2 on (manger)   6 on (arriver)   10 on (dormir)
>
> 3 on (parler)   7 on (travailler)
>
> 4 on (trouver)   8 on (lire)

21 Verbs (5): more on irregular verbs

21.1 *avoir* (to have) and *être* (to be)

As you might expect, **avoir** and **être** (see **11.2**) are also irregular in their plural forms.

avoir

	Singulier	*Pluriel*
first person	j'ai	nous avons
second person	tu as	vous avez
third person	il/elle/on a	ils/elles ont

être

	Singulier	*Pluriel*
first person	je suis	nous sommes
second person	tu es	vous êtes
third person	il/elle/on est	ils/elles sont

Which form of the verb would you use with …?

	avoir	*être*
1	je	tu
2	ils	nous
3	nous	ils
4	on	il
5	tu	vous
6	elle	elles
7	elles	on
8	vous	je
9	il	elle

21.2 *aller* (to go)

Aller is an irregular verb, but it is a very useful one, so you need to learn it!

Singulier	*Pluriel*
je vais – *I am going*	nous allons – *we are going*
tu vas – *you are going*	vous allez – *you are going*
il/elle/on va – *he/she/one is going*	ils/elles vont – *they are going*

Write out these sentences with the right form of the verb:

1 Où …-tu?
2 Je … en ville.
3 Où …-vous?
4 Nous … au cinéma.
5 Où … Jean-Claude?
6 Il … à la piscine.
7 Où … les filles?
8 Elles … à la piscine aussi!

22 Verbs (6): the near future

To say what you are 'going' to do, you need the *near future tense (le futur proche)*. In French, you use the verb **aller** ('to go') plus the infinitive. This is very like the English:

Je vais aller en ville. – *I am going to go into town.*
Qu'est-ce que tu vas faire? – *What are you going to do?*
Il/Elle/On va jouer au foot. – *He is/She is/We are going to play football.*
Nous allons faire de la natation. – *We are going to go swimming.*
Vous allez faire une balade à vélo. – *You are going to go for a bike ride.*
Ils vont faire les devoirs. – *They are going to do their homework.*

What are these people going to do? Put in the right form of the verb and translate the sentences.

1 Je …. lire une BD.   *Je vais lire une BD. – I am going to read a comic.*
2 Nous … jouer au foot.
3 Mon copain … faire une balade à vélo.
4 Mes copines … aller à la piscine.
5 Mes parents … regarder la télé.
6 Vous … faire de la gymnastique.
7 Ma copine … écouter de la musique.
8 Tu … dormir!

23 *À*: saying 'to the …'

When you use **à** with the definite article it changes in the masculine and plural forms:

Masculin	*Féminin*	*Pluriel*
à + le = **au**	à la	à + les = **aux**

à + l' stays the same: **à l'**

How would you say that you are going to …?

Je vais …

1 … banque *(f)*
2 … cinéma *(m)*
3 … plage *(f)*
4 … église *(f)*
5 … marché *(m)*
6 … collège *(m)*
7 … magasins *(pl)*
8 … hôtel *(m)*
9 … gare *(f)*
10 … arrêt de bus *(m)*

24 Numbers – *Les nombres*

0	zéro	36	trente-six	72	soixante-douze
1	un	37	trente-sept	73	soixante-treize
2	deux	38	trente-huit	74	soixante-quatorze
3	trois	39	trente-neuf	75	soixante-quinze
4	quatre	40	quarante	76	soixante-seize
5	cinq	41	quarante et un	77	soixante-dix-sept
6	six	42	quarante-deux	78	soixante-dix-huit
7	sept	43	quarante-trois	79	soixante-dix-neuf
8	huit	44	quarante-quatre	80	quatre-vingts
9	neuf	45	quarante-cinq	81	quatre-vingt-un
10	dix	46	quarante-six	82	quatre-vingt-deux
11	onze	47	quarante-sept	83	quatre-vingt-trois
12	douze	48	quarante-huit	84	quatre-vingt-quatre
13	treize	49	quarante-neuf	85	quatre-vingt-cinq
14	quatorze	50	cinquante	86	quatre-vingt-six
15	quinze	51	cinquante et un	87	quatre-vingt-sept
16	seize	52	cinquante-deux	88	quatre-vingt-huit
17	dix-sept	53	cinquante-trois	89	quatre-vingt-neuf
18	dix-huit	54	cinquante-quatre	90	quatre-vingt-dix
19	dix-neuf	55	cinquante-cinq	91	quatre-vingt-onze
20	vingt	56	cinquante-six	92	quatre-vingt-douze
21	vingt et un	57	cinquante-sept	93	quatre-vingt-treize
22	vingt-deux	58	cinquante-huit	94	quatre-vingt-quatorze
23	vingt-trois	59	cinquante-neuf	95	quatre-vingt-quinze
24	vingt-quatre	60	soixante	96	quatre-vingt-seize
25	vingt-cinq	61	soixante et un	97	quatre-vingt-dix-sept
26	vingt-six	62	soixante-deux	98	quatre-vingt-dix-huit
27	vingt-sept	63	soixante-trois	99	quatre-vingt-dix-neuf
28	vingt-huit	64	soixante-quatre	100	cent
29	vingt-neuf	65	soixante-cinq	101	cent un
30	trente	66	soixante-six	200	deux cents
31	trente et un	67	soixante-sept	300	trois cents
32	trente-deux	68	soixante-huit	1000	mille
33	trente-trois	69	soixante-neuf	2000	deux mille
34	trente-quatre	70	soixante-dix		
35	trente-cinq	71	soixante et onze		

25 The calendar – *Le calendrier*

25.1 Days of the week – *Les jours de la semaine*

lundi; mardi; mercredi; jeudi; vendredi; samedi; dimanche

25.2 Months of the year – *Les mois de l'année*

janvier; février; mars; avril; mai; juin; juillet; août; septembre; octobre; novembre; décembre

26 Verb tables

26.1 Regular verbs

-er	-ir	-ir	-re
jouer – *to play*	**finir** – *to finish*	**sortir** – *to go out*	**répondre** – *to reply*
je joue	je finis	je sors	je réponds
tu joues	tu finis	tu sors	tu réponds
il/elle joue	il/elle finit	il/elle sort	il/elle répond
nous jouons	nous finissons	nous sortons	nous répondons
vous jouez	vous finissez	vous sortez	vous répondez
ils/elles jouent	ils/elles finissent	ils/elles sortent	ils/elles répondent

25.2 Irregular verbs

avoir – *to have*	**être** – *to be*	**aller** – *to go*	**faire** – *to do*
j'ai	je suis	je vais	je fais
tu as	tu es	tu vas	tu fais
il/elle a	il/elle est	il/elle va	il/elle fait
nous avons	nous sommes	nous allons	nous faisons
vous avez	vous êtes	vous allez	vous faites
ils/elles ont	ils/elles sont	ils/elles vont	ils/elles font

Vocabulaire français–anglais

A

il/elle a *he/she has*
à *to*
à côté de *next to*
à huit heures *at eight o'clock*
à l' *to the (m/f before vowel or 'h')*
à la *to the (f)*
à midi *at midday*
à toi *your turn*
à tour de rôle *take turns*
accompagner *to accompany*
d' accord *OK, correct, right*
ils achètent *they buy*
acheter *to buy*
j' adore *I love*
les affaires (f pl) *things*
j' ai *I have*
j' ai un/une … *I have a …*
je n' ai pas de … *I haven't got a/any …*
il/elle aime *he/she likes*
j' aime *I like*
je n' aime pas *I don't like*
tu aimes *you like*
l' Allemagne (f) *Germany*
aller *to go*
aller à la pêche *to go fishing*
aller au cinéma *to go to the cinema*
aller au McDo *to go to McDonald's*
aller en ville *to go into town*
vous allez *you are going*
allez tout droit *(go) straight on*
(vous *command*)
nous allons *we are going*
anglais(e) *English*
l' Angleterre *England*
un animal *animal, pet*
les animaux (m pl) *animals, pets*
un anniversaire *birthday*
une annonce *advertisement*
août *August*
un appartement *flat*
appeler *to call*
il/elle s' appelle *he/she is called*
je m' appelle *I am called, my name is*
ils/elles s' appellent *they are called*
tu t' appelles *you are called, your name is*
apprends *learn (tu command)*
après *after, beyond*
l' après-midi (m/f) *afternoon*
une araignée *spider*
un arbre *tree*
un arbre fruitier *fruit tree*
une armoire *wardrobe*
un arrêt de bus *bus stop*
arriver *to arrive*
les arts dramatiques (m pl) *drama*
tu as *you have*
as-tu? *have you?*
as-tu un/une …? *have you got a …?*

l' athlétisme (m) *athletics*
j' attends *I wait*
au *to/in the (m)*
au revoir *goodbye*
une auberge (de jeunesse) *youth hostel*
aujourd'hui *today*
aussi *also*
autour de *around*
un(e) autre *another*
les autres *the others*
l' Autriche (f) *Austria*
aux *to/in the (pl)*
avec *with*
avez-vous …? *have you got …?*
avoir *to have*
nous avons *we have*
nous n' avons pas de … *we haven't got any …*
avril *April*

B

le badminton *badminton*
une baguette *French loaf/stick*
la balade *walk, ride*
le balcon *balcony*
la banane *banana*
en banlieue *in the suburbs*
la banque *bank*
le basket-ball *basketball*
les baskets (f pl) *trainers*
le bâtiment *building*
bavard(e) *chatty, talkative*
la BD (bande dessinée) *comic*
beau/belle *beautiful*
beaucoup *a lot*
beaucoup de *a lot of*
beige *beige*
belge *Belgian*
la Belgique *Belgium*
la bicyclette *bicycle*
le biscuit *biscuit*
blanc(he) *white*
bleu(e) *blue*
blond(e) *blond, fair*
le blouson *jacket*
bof! *not really!, not much!*
la boisson *drink*
bon(ne) *good, right*
le bon ordre *the right order*
les bonbons (m pl) *sweets*
le bonhomme de neige *snowman*
bonjour *hello, good morning*
au bord de la mer *at the seaside, on the coast*
bordeaux *maroon, burgundy*
les bottes de caoutchouc (f pl) *wellington boots*
la boulangerie *baker's*
la bouteille de parfum *bottle of perfume*
la Bretagne *Brittany*

le bricolage *model-making, DIY*
le brouillard *fog*
brun(e) *brown*
la bulle *bubble*
le bureau *study, office*
le burger-frites *burger and french fries*
le burger-fromage *cheeseburger*
le bus *bus*

C

c'est *it is*
c'est à moi *it's mine/my turn*
c'est à qui? *whose (turn) is it?*
c'est ça *that's right*
c'est comment …? *what is … like?*
c'est tout *that's all*
ça fait … *it comes to …*
ça fait combien? *how much does it come to?*
ça va? *how are you?, are you well?*
ça va *I'm OK*
ça va très bien *I'm very well*
le cadeau *present*
le café *coffee, café*
le cahier *exercise book*
le calendrier *calendar*
le/la camarade *classmate*
à la campagne *in the country*
le camping *camping, campsite*
la cantine *canteen*
à carreaux *checked*
la carte *map*
les cartes (f pl) *cards*
la case *box, square*
la cave *cellar*
le CD *CD*
ce que *what*
le centre commercial *shopping centre*
le centre de loisirs *leisure centre*
au centre-ville *in the town centre*
la chaîne stéréo *stereo system*
la chaise *chair*
le chalet *chalet*
la chambre *bedroom*
la chambre de mes rêves *my dream room*
le champion régional *regional champion*
changer *to change, to swap*
chaque *each*
le chat *cat*
le chat tigré *tabby cat*
châtain(s) *chestnut/light brown*
chaud *hot*
les chaussettes (f pl) *socks*
les chaussures (f pl) *shoes*
la chemise *shirt*
le chemisier *blouse*
cher/chère *dear*
cherche *look for (tu command)*
chercher *to look for*

le cheval *horse*
les cheveux (m pl) *hair*
chez moi *at home, my home*
chez nous *at home, our home*
chez toi *(at) your home*
le chien *dog*
le chocolat *chocolate*
choisir *to choose*
choisis *choose* (tu *command*)
choisissez *choose* (vous *command*)
le cinéma *cinema*
la classe *class*
le club des jeunes *youth club*
le coin manger *dining area*
la colle *glue*
le collège *school*
combien (de) *how many*
combien de fois? *how many times?*
ils/elles commencent *they start*
commencer *to start*
comment *how*
comment ça s'écrit? *how do you spell it?*
comment trouves-tu …? *what do you think of …?*
comment tu t'appelles? *what is your name?*
la commode *chest of drawers*
comprendre *to understand*
je ne comprends pas *I don't understand*
le concours *competition*
le copain *pal, mate* (m)
copier *to copy*
la copine *pal, mate* (f)
le/la corres(pondant/e) *pen pal*
la Côte d'Azur *South Coast (France)*
la couleur *colour*
le cours *lesson*
les courses (f pl) *shopping*
court(e) *short*
la cravate *tie*
le crayon *pencil*
la cuisine *kitchen*
le cyclisme *cycling*

D

d' *from, of (before vowel or 'h')*
dans *in*
la danse *dance, dancing*
la date d'anniversaire *date of birthday*
de *from, of*
de l' *some (m/f before vowel or 'h')*
de la *some* (f)
décembre *December*
découper *to cut out*
le déjeuner *lunch*
la demi-sœur *half-sister*
le demi-frère *half-brother*
derrière *behind*
des *some* (pl)
le dessin *art and design*
un dessin *a drawing*
je déteste *I hate*

à deux *in pairs, pairwork*
deux semaines *a fortnight*
le deuxième étage *second floor*
devant *in front of*
il/elle devine *he/she guesses*
deviner *to guess*
la devinette *riddle/guessing game*
devinez *guess* (vous *command*)
les devoirs (m pl) *homework*
le dictionnaire *dictionary*
le dimanche *Sunday*
dire *to say*
dis *say* (tu *command*)
il/elle dit *he/she says*
dites *say* (vous *command*)
le docteur *doctor*
donnant au sud *south-facing*
dormir *to sleep*
je dors *I sleep*
tu dors *you sleep*
il/elle dort *he/she sleeps*
la douche *shower*
à droite *(to the) right*
la droite *right*
du *some* (m)
durer *to last (for)*

E

l' eau (f) *water*
les échecs (m pl) *chess*
écossais(e) *Scottish*
l' Écosse (f) *Scotland*
écoute *listen* (tu *command*)
écouter *to listen (to)*
une église *church*
l' électroménager (m) *household appliances*
un/une élève *pupil*
un emploi du temps *timetable*
en *in, to*
en face de *opposite*
encore *again, still*
encore une fois *once again, one more time*
ennuyeux/euse *boring*
enregistrer *to record*
ensuite *after(wards)*
je m' entraîne *I train*
l' entraînement (m) *training*
s' entraîner *to train*
entre *between*
l' entrée (f) *entrance hall*
envoyer *to send*
l' EPS (f) *PE*
l' équitation (f) *horse riding*
tu es *you are*
l' escalier (m) *stairs, staircase*
l' Espagne (f) *Spain*
espagnol(e) *Spanish*
essaie *try* (tu *command*)
essayer *to try*
il/elle est *he/she is*
l' est (m) *East*

est-ce que tu …? *do you …?*
et *and*
et toi? *and you?*
un étage *floor, storey*
une étagère *bookshelf/shelves*
les États-Unis (m pl) *United States*
vous êtes *you are*
être *to be*

F

faire *to make, to do*
faire du cheval *to go horse riding*
faire des courses *to go shopping*
faire les magasins *to go shopping*
faire de la natation *to go swimming*
faire une promenade *to go for a walk*
faire du sport *to practise sport*
fais *do* (tu *command*)
je fais *I do*
je fais les devoirs *I do my homework*
je ne fais rien *I don't do anything*
tu fais *you do*
nous faisons *we do*
il/elle fait *he/she does*
faites *do* (vous *command*)
fatigant(e) *tiring*
fatigué(e) *tired*
faux/fausse *false*
la fenêtre *window*
fermer *to close, to shut*
le feutre *felt-tip pen*
février *February*
la fiche *form*
la fille *daughter, girl*
la fille unique *only child (girl)*
le film *film*
le fils *son, boy*
le fils unique *only child (boy)*
finir *to finish*
ils/elles finissent *they finish*
la fleur *flower*
deux fois *twice*
une fois *once*
le foot(ball) *football*
français(e) *French*
la France *France*
la Francophonie *French-speaking world*
le frère *brother*
froid *cold*
le fromage *cheese*

G

gallois(e) *Welsh*
le garage *garage*
garder *to keep*
la gare *station*
à gauche *(to the) left*
la gauche *left*
génial! *brilliant!, great!*
la girafe *giraffe*
la glace *ice-cream, mirror*
le golf *golf*
la gomme *rubber*

grand(e) *tall, big*
la grand-mère *grandmother*
la Grande-Bretagne *Great Britain*
la grille *grid*
gris(e) *grey*
la gymnastique *gymnastics*

H

j' habite *I live*
ils/elles habitent *they live*
habiter *to live*
tu habites *you live*
vous habitez *you live*
nous habitons *we live*
un hamster *hamster*
le handball *handball*
à haute voix *aloud*
une heure *hour*
un hibou *owl*
le hockey *hockey*
un hôtel *hotel*
l' hôtel de ville (m) *town hall*

I

ici *here*
ici on parle français *French is spoken here*
il est … heures *it is … o'clock*
il est … heures et demie/quart *it is half/quarter past …*
il est … heures moins le quart *it is quarter to …*
il fait beau *it is nice (weather)*
il fait chaud/froid *it is hot/cold*
il n'y a pas de … *there isn't/aren't any …*
il y a … *there is/are …*
il y a du soleil/du vent *it is sunny/windy*
illustré(e) *illustrated*
une image *picture*
un immeuble *building, block*
un imperméable *raincoat*
inconnu(e) *unknown*
indiquer *to point to*
l' informatique (f) *IT*
un insecte *insect*
intéressant(e) *interesting*
irlandais(e) *Irish*
l' Irlande (f) *Ireland*
l' Italie (f) *Italy*

J

j' *I*
j'adore … *I love …*
j'ai … *I have …*
j'ai faim *I'm hungry*
j'aime … *I like …*
janvier *January*
le jardin *garden*
le jardin public *park*
jaune *yellow*
je *I*

je n'aime pas … *I don't like …*
je ne sais pas *I don't know*
le jean *(pair of) jeans*
le jeu de cartes *card game*
le jeudi *Thursday*
les jeux (m pl) *games*
le jogging *jogging*
il/elle joue *he/she plays*
je joue *I play*
je ne joue pas *I don't play*
jouer *to play*
jouer à l'ordinateur *to play computer games*
jouer au badminton *to play badminton*
tu joues *you play*
jouez *play (vous command)*
le jour *day*
la journée (au collège) *(school) day*
le judo *judo*
juillet *July*
juin *June*
la jupe *skirt*
le Jura *the Jura mountains*

K

le kangourou *kangaroo*

L

l' *the (m/f before vowel or 'h')*
la *the (f)*
le labo(ratoire) *laboratory*
la lampe *lamp*
le lapin *rabbit*
le *the (m)*
la légende *caption*
les *the (pl)*
la lettre *letter*
leur(s) *their*
lire *to read*
lis *read (tu command)*
lisez *read (vous command)*
la liste *list*
le lit *bed*
les lits superposés *bunk beds*
le livre *book*
long(ue) *long*
le loto *bingo*
le loup *wolf*
le lundi *Monday*
le Luxembourg *Luxembourg*

M

ma *my (f)*
le magasin *shop*
le magazine *magazine*
magnifique *magnificent, splendid*
mai *May*
mais *but*
la maison *house*
je mange *I eat*
on mange *one eats, we eat*

manger *to eat*
ils/elles manquent *they are missing*
manquer *to be short/missing*
la mansarde *attic*
le marché *market*
le mardi *Tuesday*
marrant(e) *funny*
marron *brown*
mars *March*
les maths/mathématiques (f pl) *maths*
la matière *school subject*
ce matin *this morning*
le matin *morning*
le McDo *McDonald's, fast-food restaurant*
merci *thank you*
le mercredi *Wednesday*
la mère *mother*
la météo *weather forecast*
mets *put (tu command)*
je mets *I put (on)*
mettre *to put (on)*
mi-long(ue) *mid-length*
(le) midi *midday*
(le) minuit *midnight*
le mois *month*
mon *my (m)*
la montagne *mountain(s)*
la montre *watch*
le morpion *noughts and crosses*
le mot *word*
la moustache *moustache*
le moustique *mosquito*
le mur *wall*
le musée *museum*
la musique *music*

N

je nage *I swim*
nager *to swim*
la natation *swimming*
il neige *it is snowing*
la neige *snow*
noir(e) *black*
noisette *hazel*
le nom *(sur)name*
le nombre *number*
non *no*
le nord *North*
normalement *normally*
nos *our (pl)*
notre *our (m/f)*
novembre *November*
le nuage *cloud*
nul! *rubbish!*

O

octobre *October*
un oiseau *a bird*
les oiseaux *birds*
ils/elles ont *they have*
ils/elles n' ont pas de … *they haven't got any …*

un orage *(thunder)storm*
orange *orange*
un ordinateur *computer*
ou *or*
où *where*
où habites-tu? *where do you live?*
l' ouest (m) *West*
oui *yes*

P

le pantalon *(pair of) trousers*
par semaine *per week*
par terre *on the floor*
parce que *because*
les parents (m pl) *parents*
paresseux/euse *lazy*
le parfum *perfume*
le parking *car park*
je parle *I talk*
parler *to talk*
je partage *I share*
le/la partenaire *partner*
le patin à glace *ice skating*
le pays *country*
le pays de Galles *Wales*
la pêche *fishing*
pendant *during*
le pendu *hangman*
le père *father*
la personne *person*
petit(e) *small*
le petit frère *little/younger brother*
les petites annonces *classified/small ads*
la photo *photo*
la phrase *sentence*
la pièce *room*
le ping-pong *ping-pong*
le pique-nique *picnic*
la piscine *swimming pool*
la place du marché *market place/square*
la plage *beach*
la planche (à voile) *windsurfing*
la plante *plant*
il pleut *it is raining*
la plongée *diving*
la plongée de compétition *competition diving*
la pluie *rain*
le poème *poem*
le poisson *fish*
la pollution *pollution*
le polo *polo/sports shirt*
la pomme *apple*
le pont *bridge*
il/elle porte *he/she is wearing*
la porte *door*
le porte-clés *key ring*
ils/elles portent *they are wearing*
porter *to wear*
la poste *post office*
le poster *poster*
pour *for*
pour aller à …? *how do you get to …?*

pour combien de temps? *for how long?*
pour toi *for yourself*
je préfère *I prefer*
préféré(e) *favourite*
préférer *to prefer*
premier/première *first*
prendre *to take*
le prénom *first name*
je prépare *I prepare*
préparer *to prepare*
tu prépares *you prepare*
près de *near (to)*
prochain(e) *next*
le/la prof *teacher*
le professeur *teacher*
la promenade *walk*
puis *then*
le pull(-over) *pullover*

Q

qu'est-ce que c'est? *what is it?*
qu'est-ce que tu n'aimes pas? *what don't you like?*
quand *when*
que *what*
que fais-tu le lundi? *what do you do on Mondays?*
quel(le) *what*
quel âge as-tu? *how old are you?*
quel temps fait-il? *what is the weather like?*
quelle heure est-il? *what time is it?*
quelqu'un *someone*
la queue *tail*
qui *who*
le Quick *fast-food restaurant*

R

la raquette de tennis *tennis racquet*
à rayures *striped*
la récré(ation) *break*
je regarde *I watch*
regarder *to watch*
tu regardes *you watch*
la règle *ruler*
le repas *meal*
répéter *to repeat*
la réponse *answer*
le restaurant *restaurant*
je reste *I'm staying*
rester *to stay*
le résumé *summary*
le rez-de-chaussée *ground floor*
la rivière *river*
le rôle *role, part*
le roller *rollerblading*
rouge *red*
la rue *street*
le rugby *rugby*

S

sa *his/her* (f)

le sac *bag*
je sais *I know*
je ne sais pas *I don't know*
la salle *room*
la salle à manger *dining room*
la salle de bains *bathroom*
la salle de douche *shower room*
la salle de gym(nastique) *gym(nasium)*
la salle de jeux *games room*
la salle de séjour *living room*
le salon *living room*
salut *hello*
le samedi *Saturday*
le sandwich *sandwich*
en savoir plus *to know more*
les sciences (f pl) *(combined) science*
la semaine *week*
septembre *September*
ses *his/her* (pl)
le skate *skateboarding*
le ski *skiing*
le snooker *snooker*
la sœur *sister*
le soir *evening*
le soleil *sun*
nous sommes *we are*
son *his/her* (m)
le sondage *survey*
ils/elles sont *they are*
je sors *I go out*
tu sors *you go out*
il/elle sort *he/she goes out*
sortez *go/take out* (vous command)
sortir *to go out*
sortir le chien *to take the dog for a walk*
la souris *mouse*
sous *under*
le sous-sol *basement*
le sport *sport*
sportif/sportive *sporty, athletic*
les sports d'équipe *team sports*
le stylo *pen*
le stylo à bille *ballpoint pen*
le sud *South*
je suis *I am*
super! *great!*
le supermarché *supermarket*
sur *on*
un sweat *sweatshirt*

T

ta *your* (f)
la table *table*
de taille moyenne *medium sized*
le taille-crayon *pencil sharpener*
la tasse *cup*
la technologie *technology*
le tee-shirt *T-shirt*
le téléphone *telephone*
la télé(vision) *television*

le temps libre *free time*
le tennis *tennis*
les tennis (f pl) *tennis shoes, gym shoes*
le terrain de sport *sports field*
tes *your* (pl)
le théâtre *theatre*
timide *shy*
le tiroir *drawer*
toi *you*
la tomate *tomato*
ton *your* (m)
la Tour Eiffel *Eiffel Tower*
tournez à droite/gauche *turn
    right/left* (vous *command*)
tous les jours *every day*
tout *all, everything*
toute la journée *all day*
on travaille *one works*
travailler *to work*
traverser *to cross*
très *very*
le troisième étage *third floor*
le trombone *trombone*
trop (de) *too much*
la trousse *pencil case*
trouver *to find*
tu *you*

U

un *a* (m)
une *a* (f)
un uniforme *uniform*

V

il/elle va *he/she goes, he/she is going*
les vacances (f pl) *(the) holidays*
la vache *cow*
je vais *I go, I am going*
tu vas *you go, you are going*
le vélo *bicycle, cycling*
le vendredi *Friday*
le vent *wind*
vérifier *to check*
vert(e) *green*
vert foncé *dark green*
vert olive *olive green*
la veste *jacket*
le veston *jacket*
les vêtements (m pl) *clothes*
je veux *I want*
la ville *town*
voilà *here you are*
la voiture *car*
le volley-ball *volleyball*
ils/elles vont *they go, they are going*
vos *your* (pl)
votre *your* (m/f)
je voudrais *I would like*
vous désirez? *can I help you?*
vrai(e) *true*
le VTT (vélo tout-terrain) *mountain bike*
la vue *view*

W

les w.c. (m pl) *toilet*

X

le xylophone *xylophone*

Y

le yaourt *yoghurt*
les yeux (m pl) *eyes*

Vocabulaire anglais–français

A

afterwards *ensuite*
I am *je suis*
and *et*
and you? *et toi?*
apple *la pomme*
April *Avril*
you (sing) are *tu es*
you (polite/pl) are *vous êtes*
art and design *le dessin*

B

it's not bad *c'est pas mal, bof*
bag *le sac*
ballpoint pen *le stylo à bille*
basement *le sous-sol*
bathroom *la salle de bains*
beach *la plage*
bedroom *la chambre*
behind *derrière*
between *entre*
bicycle *le vélo*
to go for a bike ride *faire une balade à vélo*
bird *un oiseau*
black *noir(e)*
blouse *le chemisier*
book *le livre*
boring *ennuyeux/euse*
break *la récré(ation)*
bridge *le pont*
brother *le frère*
brown *marron, brun*
but *mais*

C

calendar *le calendrier*
to go camping *faire du camping*
canteen *la cantine*
car *la voiture*
caravan *la caravane*
card game *le jeu de cartes*
cat *le chat*
CD *le CD*
cellar *la cave*
chair *la chaise*
chalet *le chalet*
checked *à carreaux*
to play chess *jouer aux échecs*
chestnut brown *châtain(s)*
chocolate *le chocolat*
choose *choisis (tu command)*
to choose *choisir*
church *une église*
cinema *le cinéma*
class *la classe*
classmate *le/la camarade*
to close *fermer*
clothes *les vêtements (m pl)*
on the coast *au bord de la mer*

coffee *le café*
cold *froid*
colour *la couleur*
comic *la BD*
computer *un ordinateur*
to play computer games *jouer à l'ordinateur*
in the country *à la campagne*
to cross *traverser*
cup *la tasse*
cycling *le cyclisme*

D

dance *la danse*
day *le jour, la journée*
dear *cher/chère*
December *décembre*
dictionary *le dictionnaire*
dining room *la salle à manger*
I do *je fais*
to do *faire*
we do *nous faisons*
you do *tu fais*
I don't do anything *je ne fais rien*
do you …? *est-ce que tu …?*
he/she does *il/elle fait*
dog *le chien*
door *la porte*
drama *les arts dramatiques (m pl)*
dress *la robe*
drink *la boisson*
during *pendant*

E

each *chaque*
I eat *je mange*
to eat *manger*
England *l'Angleterre (f)*
English *anglais(e)*
evening *le soir*
every day *tous les jours*
exercise book *le cahier*
eyes *les yeux (m pl)*

F

false *faux/fausse*
farm *la ferme*
father *le père*
Febuary *février*
felt-tip pen *le feutre*
to find *trouver*
fine *ça va*
it is fine (weather) *il fait beau*
to finish *finir*
first *premier/ière*
fish *le poisson*
fishing *la pêche*
to go fishing *aller à la pêche*
flat *un appartement*
floor *un étage*

fog *le brouillard*
football *le foot(ball)*
to play football *jouer au foot*
fortnight *deux semaines*
France *la France*
free time *le temps libre*
French *français(e)*
French (language) *le français*
French-speaking world *la Francophonie*
Friday *vendredi*
friend *le copain/la copine*
from *de*
funny *marrant(e)*

G

game *le jeu*
games room *la salle de jeux*
garage *le garage*
garden *le jardin*
Germany *l'Allemagne (f)*
glue *la colle*
to go *aller*
I go out *je sors*
to go out *sortir*
he/she is going *il/elle va*
I am going *je vais*
we are going *nous allons*
you are going *tu vas, vous allez*
good *bon(ne)*
good morning *bonjour*
goodbye *au revoir*
grandmother *la grand-mère*
great! *génial!, super!*
Great Britain *la Grande-Bretagne*
green *vert(e)*
grey *gris(e)*
ground floor *le rez-de-chaussée*
gym(nasium) *la salle de gym(nastique)*
gymnastics *la gymnastique*

H

hair *les cheveux (m pl)*
half-brother *le demi-frère*
half-sister *la demi-sœur*
he/she has *il/elle a*
I hate … *je déteste …*
I have *j'ai*
they have *ils/elles ont*
to have *avoir*
we have *nous avons*
you (polite/pl) have *vous avez*
you (sing) have *tu as*
I have a … *j'ai un(e) …*
have you got a …? *as-tu/avez-vous un(e) ….?*
I haven't got a … *je n'ai pas de …*
hazel *noisette*
hello *salut, bonjour*

her *son (m)/sa (f)/ses (pl)*
here *ici*
here you are *voilà*
his *son (m)/sa (f)/ses (pl)*
history and geography *l'histoire-géographie (f)*
hockey *le hockey*
holidays *les vacances (f pl)*
home *la maison*
my/our home *chez moi/nous*
homework *les devoirs (m pl)*
horse *le cheval*
horse riding *l'équitation (f)*
to go horse riding *faire du cheval*
hotel *un hôtel*
hour *une heure*
house *la maison*
how *comment*
how are you? *ça va?*
how do you get to …? *pour aller au/à la …?*
how do you spell it? *comment ça s'écrit?*
how many are there? *combien y a-t-il?*
how many times? *combien de fois?*
how much does it come to? *ça fait combien?*
how old are you? *quel âge as-tu?*
I'm hungry *j'ai faim*

I

I *je, j'*
I am *je suis*
ice skating *le patin à glace*
ice-cream *une glace*
in *dans*
in front of *devant*
interesting *intéressant(e)*
Ireland *l'Irlande (f)*
Irish *irlandais(e)*
he/she is *il/elle est*
it is *c'est*
IT *l'informatique (m)*
it comes to *ça fait*
it is cold *il fait froid*
it is four o'clock *il est quatre heures*
it is hot *il fait chaud*
it is raining *il pleut*
it is snowing *il neige*
it is sunny *il y a du soleil*
Italy *l'Italie (f)*

J

jacket *la veste, le blouson*
January *janvier*
(pair of) jeans *le jean*
jogging *le jogging*
judo *le judo*
July *juillet*

June *juin*

K

to keep *garder*
key ring *le porte-clés*
kitchen *la cuisine*
I don't know *je ne sais pas*

L

lab(oratory) *le labo(ratoire)*
lamp *la lampe*
lazy *paresseux/euse*
left *la gauche*
(to the) left *à gauche*
lesson *le cours*
letter *la lettre*
I like *j'aime*
to like *aimer*
to listen *écouter*
to listen to music *écouter de la musique*
I live *j'habite*
they live *ils habitent*
to live *habiter*
we live *nous habitons*
you (polite/pl) live *vous habitez*
you (sing) live *tu habites*
long *long(ue)*
to look for *chercher*
I love … *j'adore …*
lunch *le déjeuner*
Luxembourg *le Luxembourg*

M

magazine *le magazine*
to make *faire*
to make models, do DIY *faire du bricolage*
map *la carte*
March *mars*
market *le marché*
market place/square *la place du marché*
maroon *bordeaux*
maths *les maths/ mathématiques (f pl)*
May *mai*
meal *le repas*
medium-sized *de taille moyenne*
mid-length (hair) *mi-longs*
midday *midi*
Monday *le lundi*
month *le mois*
morning *le matin*
this morning *ce matin*
mother *la mère*
mountain bike *le VTT*
in the mountains *à la montagne*
mouse *la souris*
museum *le musée*
music *la musique*
my *mon (m)/ma (f)/mes (pl)*
it's my turn *c'est à moi*

N

name *le nom*
my name is *je m'appelle*
your name is *tu t'appelles*
near (to) *près du/de la/de l'/des*
next *prochain(e)*
next to *à côté du/de la/de l'/des*
no *non*
November *novembre*
number *le nombre*

O

October *octobre*
it's OK *ça va*
on *sur*
once *une fois*
only child *fils/fille unique*
opposite *en face de*
orange *orange*
our *notre (m/f)/nos (pl)*

P

pal *le copain (m)/la copine (f)*
parents *les parents (m pl)*
park *le jardin public*
PE *l'EPS (f)*
pen *le stylo*
pen pal *le/la corres*
pencil *le crayon*
pencil-case *la trousse*
pencil sharpener *le taille-crayon*
perfume *le parfum*
to go for a picnic *faire un pique-nique*
picture *une image*
pink *rose*
plant *la plante*
I play *je joue*
I don't play *je ne joue pas*
to play *jouer*
you (sing) play *tu joues*
to play badminton *jouer au badminton*
to play cards *jouer aux cartes*
he/she plays *il/elle joue*
please (informal) *s'il te plaît*
please (polite) *s'il vous plaît*
post office *la poste*
poster *le poster*
to practise sport *faire du sport*
to prepare *préparer*
present *le cadeau*
pullover *le pull(-over)*
pupil *un(e) élève*
to put *mettre*

R

rabbit *le lapin*
rain *la pluie*
raincoat *un imperméable*
it is raining *il pleut*
to read *lire*

riddle *la devinette*
right *correct(e), bon(ne)*
(the) right *la droite*
(to the) right *à droite*
rubber *la gomme*
it's rubbish! *c'est nul!*

S

sandwich *le sandwich*
Saturday *le samedi*
to say *dire*
school *le collège*
school day *la journée au collège*
school subject *la matière*
science *les sciences (f pl)*
Scotland *l'Écosse (f)*
Scottish *écossais(e)*
sea *la mer*
to send *envoyer*
sentence *la phrase*
September *septembre*
to share *partager*
shelf *une étagère*
shirt *la chemise*
shoes *les chaussures (f pl)*
shop *le magasin*
to go shopping *faire des courses, faire les magasins*
shopping centre *le centre commercial*
(pair of) shorts *le short*
shower *la douche*
shy *timide*
sister *la sœur*
skateboarding *le skate*
ski *le ski*
I sleep *je dors*
to sleep *dormir*
you (sing) sleep *tu dors*
he/she/one sleeps *il/elle/on dort*
small *petit(e)*
snow *la neige*
it is snowing *il neige*
socks *les chaussettes (f pl)*
some *du/de la/de l'/des*
someone *quelqu'un*
souvenir *le souvenir*
Spain *l'Espagne (f)*
Spanish *espagnol(e)*
sport *le sport*
sports field *le terrain de sport*
sporty *sportif/ive*
staircase *un escalier*
to start *commencer*
station *la gare*
to stay at home *rester à la maison*
stereo system *une chaîne stéréo*
street *une rue*
subject *la matière*
sun *le soleil*
Sunday *le dimanche*
it is sunny *il y a du soleil*
supermarket *le supermarché*

sweatshirt *le sweat*
I swim *je nage*
to swim *nager*
swimming *la natation*
swimming pool *la piscine*

T

T-shirt *le tee-shirt*
tabby (cat) *le chat tigré*
table *la table*
table tennis *le ping-pong*
tail *la queue*
to take *prendre*
to take the dog for a walk *sortir le chien*
to talk *parler*
talkative *bavard(e)*
teacher *le/la prof(esseur)*
technology *la technologie*
telephone *le téléphone*
television *la télé(vision)*
tennis *le tennis*
to play tennis *jouer au tennis*
tennis shoes *les tennis (f pl)*
textbook *le livre*
thank you *merci*
that's all *c'est tout*
that's right *c'est ça*
that's wrong *c'est faux*
the *le (m)/la (f)/l' (before vowel /'h')/les (pl)*
theatre *le théâtre*
their *leur(s)*
there are/there is *il y a*
there isn't a/any … *il n'y a pas de …*
thunderstorm *un orage*
Thursday *le jeudi*
tie *la cravate*
timetable *un emploi du temps*
I am tired *je suis fatigué(e)*
to (the) *au/à la/à l'/aux*
to *à, en*
today *aujourd'hui*
toilet *les w.c. (m pl)*
too much *trop (de)*
town *la ville*
to go into town *aller en ville*
in the town centre *au centre-ville*
town hall *l'hôtel de ville*
tree *un arbre*
(pair of) trousers *le pantalon*
true *vrai(e)*
to try *essayer*
Tuesday *le mardi*
turn left/right *tournez à gauche/droite (vous command)*
twice *deux fois*
twice a week *deux fois par semaine*

U

under *sous*

I don't understand *je ne comprends pas*
United States *les États-Unis (m pl)*

V

very *très*
I'm very well, thank you *ça va très bien merci*
volleyball *le volley(-ball)*

W

Wales *le pays de Galles*
to go for a walk *faire une promenade*
wall *le mur*
I want *je veux*
wardrobe *une armoire*
watch *la montre*
I watch *je regarde*
to watch *regarder*
water *l'eau (f)*
I wear *je porte*
they wear *ils portent*
to wear *porter*
you wear *tu portes*
he/she wears *il/elle porte*
weather forecast *la météo*
Wednesday *le mercredi*
week *la semaine*
weekend *le week-end*
Welsh *gallois(e)*
what *que*
what colour is it? *c'est de quelle couleur?*
what do you think of …? *comment trouves-tu …?*
what is it? *qu'est-ce que c'est?*
what is it like? *c'est comment?*
what is the weather like? *quel temps fait-il?*
what is your name? *comment tu t'appelles?*
what time is it? *quelle heure est-il?*
when *quand*
when is your birthday? *quelle est la date de ton anniversaire?*
white *blanc(he)*
who *qui*
whose (turn) is it? *c'est à qui?*
window *la fenêtre*
windsurfing *la planche (à voile)*
word *le mot*
to work *travailler*
I would like *je voudrais*

Y

yellow *jaune*
yes *oui*
you (polite/pl) *vous*
you (sing) *tu, toi*
your *ton (m)/ta (f)/tes (pl)*
youth club *le club des jeunes*

Les instructions

À deux.	*In pairs.*
À tour de rôle.	*Take turns.*
Apprends-les par cœur.	*Learn them by heart.*
As-tu bien compris?	*Have you understood?*
Attention à la prononciation.	*Pay attention to the pronunciation.*
C'est à moi/toi.	*It's my/your turn.*
C'est à qui?	*Whose turn is it?*
Cherche(z) les mots inconnus dans le dictionnaire/vocabulaire.	*Look up the words you don't know in the dictionary/vocabulary.*
Coche la bonne case.	*Tick the appropriate box.*
Combien y a-t-il?	*How many are there?*
Complète la phrase/les phrases.	*Complete the sentence(s).*
Compte de un à dix.	*Count from one to ten.*
Copie et remplis la grille.	*Copy and fill in the grid.*
Copie(z) le dialogue.	*Copy the conversation.*
Devine!	*Guess!*
Échangez les rôles.	*Swap roles.*
Écoute.	*Listen.*
Écoute encore une fois.	*Listen once again.*
Écoute et lis.	*Listen and read.*
Écoute et note.	*Listen and note down.*
Écoute et trouve.	*Listen and find.*
Écouter	*Listening*
Écoute(z) et coche(z).	*Listen and tick.*
Écoute(z) et répète/répétez.	*Listen and repeat.*
Écoute(z) les dialogues.	*Listen to the conversations.*

Écrire	*Writing*
Écris/Écrivez ...	*Write ...*
Enregistre-le.	*Record it.*
Ferme(z) le livre.	*Close the book.*
Ils sont à qui?	*Whose are they?*
Indique ...	*Point to ...*
Levez la main.	*Put your hand up.*
Lire	*Reading*
Lis(ez) ...	*Read ...*
Lis(ez) les dialogues.	*Read the conversations.*
Mets/Mettez les phrases dans le bon ordre.	*Put the sentences in the right order.*
Ouvrez vos livres.	*Open your books.*
Parler	*Speaking*
Pose(z) des questions.	*Ask questions.*
Prépare(z) une présentation.	*Prepare a talk.*
Qu'est-ce que c'est?	*What is it?*
Rangez vos affaires.	*Put your things away.*
Rappel	*Reminder*
Répète/répétez.	*Repeat.*
Taisez-vous.	*Be quiet.*
Travaille(z) avec un(e) partenaire.	*Work with a partner.*
Travaille(z) le dialogue avec ton/ta partenaire.	*Practise the dialogue with your partner.*
Travaillez à deux.	*Work in pairs.*
Vrai ou faux?	*True or false?*